U0574110

教师伦理学专题

——教育伦理范畴研究（修订版）

Jiaoshi Lunlixue Zhuanti

檀传宝·著

北京师范大学出版集团
BEIJING NORMAL UNIVERSITY PUBLISHING GROUP
北京师范大学出版社

图书在版编目(CIP)数据

教师伦理学专题——教育伦理范畴研究/檀传宝著. 修订版 .—北京：北京师范大学出版社，2024.3
（京师教育研究论丛）
ISBN 978-7-303-29357-5

Ⅰ.①教…　Ⅱ.①檀…　Ⅲ.①教师－职业道德－研究
Ⅳ.①G451.6

中国国家版本馆 CIP 数据核字(2023)第 151894 号

图书意见反馈：gaozhifk@bnupg.com　010-58805079
营销中心电话：010-58802755　58800035
北师大出版社教师教育分社微信公众号　京师教师教育

出版发行：北京师范大学出版社　www.bnupg.com
　　　　　北京市西城区新街口外大街 12-3 号
　　　　　邮政编码：100088
印　　刷：北京溢漾印刷有限公司
经　　销：全国新华书店
开　　本：730 mm×980 mm　1/16
印　　张：15
字　　数：227 千字
版　　次：2024 年 3 月第 2 版
印　　次：2024 年 3 月第 1 次印刷
定　　价：48.00 元

策划编辑：郭兴举　鲍红玉　　　责任编辑：朱前前
美术编辑：焦　丽　　　　　　　装帧设计：焦　丽
责任校对：段立超　　　　　　　责任印制：马　洁　赵　龙

自 序

　　"美德是否可教?"这一古希腊先哲的追问,答案至今仍然众说纷纭。但有一点我们是可以肯定的——就知识的成分而言,美德肯定是"可教"的。并且,这一"可教"的成分,也一定会影响到道德情感、意志、信念、行为等美德的要素及其养成。《教师伦理学专题——教育伦理范畴研究》所提供的,正是教师职业道德"可教"的这一部分。

　　当然,本书在讨论教师职业道德的道理与规范的时候,不仅考虑了伦理范畴本身的"可教"或者"知识"性质,而且考虑了道德认知与情感、行为的有机联结。正因为如此,我们聚焦讨论的第一个教师伦理范畴才会是"教师的幸福"。就是说,我坚定认为:正因为道德是我们幸福生活的必要条件,我们才会自觉修养、遵守道德。而在实际教育生活中,若"德福一致"真的如许多人所经历过的那样完全不成立,则师德修养也就难以成为广大教师的"为己之学"了。

　　此外,很多年来在德育上本人一直在建构、倡导德育美学观。故至少在教师伦理解读的感性形式上,本书也有一定的德育美学观的自觉。具体体现在深入浅出的表达,以及切近教育生活的师德案例的选择与分析①上。这也大概是一些读者喜欢这一作品的原因之一。我也笃信:阅读本身就应是一种幸福生活。而有关"得天下英

---

　　① 参见檀传宝主编"师道文丛",其中案例读本含《与诤友对话》《小学大爱》《为师之梦》《大学的良心》4本,上海,华东师范大学出版社,2016。

1

才而教育之"的教师伦理的阅读，就更应该有最多的精神享用性。

除了教师的幸福，本书还系统讨论了教师伦理的核心范畴公正与仁慈、教师伦理的修养范畴义务与良心，最后以教师人格的讨论作为全书的结尾。"幸福—公正—仁慈—义务—良心—人格"，六大范畴形成了本书独有的一个"微型教师伦理学的结构"。我相信，本书这种在教师伦理范畴逻辑架构上的自成一格，也应该是许多读者愿意阅读本书的重要原因之一。我在全国各地的许多相关演讲，以及其他关于教师职业道德的写作中，以上逻辑、理念也都是一以贯之的。

师德规范的确立是重要的，而讲清师德规范后面的道理，更是师德建设的关键。因为师德要从他律到自律，甚至到自由，没有伦理自觉绝无可能。由衷希望新版《教师伦理学专题——教育伦理范畴研究》对师德的修养与思考有所助力。

《教师伦理学专题——教育伦理范畴研究》出版于 2000 年，十年以后（2010 年）再版并多次重印，一直是一本"常销书"。虽然遗憾未能成为"畅销书"，但能成为"常销书"，也仍然算得上是我的一种光荣。期待小修后的第三版能延续这一光荣，给更多读者带来教育精神交流的喜悦。

檀传宝

2023 年 3 月 3 日

于京师园三乐居

第一版序

当前我国有关教育伦理学的专著和教师职业道德的规定，已经不乏其数，但就事论事者多，深入研讨者少。檀传宝同志的《教师伦理学专题——教育伦理范畴研究》一书，扣住教师伦理学的逻辑纽结，以教育伦理范畴作为研究对象，进行了比较深入的理论探讨，做了一件具有开创性的工作。

该书从"教师伦理学与师德范畴"讲起，介绍伦理学、教师伦理学、教育伦理范畴等相关知识背景，为教育伦理范畴的说明提供了一个坚实的知识基础。接着作者提出"教师幸福论"作为教育伦理范畴系统建构的起点，相继对"教师的公正""教师的仁慈""教师的义务""教师的良心"等范畴一一做出了详尽的论述，最后以"教师人格论"作为本书的总结。从全书的结构来看，虽然不能说已经达到了完美无缺，但在各章的论述中已涵盖了教师伦理规范上的一些基本和核心的内容，有以少胜多的功效。

该书熔古今中外于一炉，内容详实，是一本创新之作。它为教师伦理研究和师德建设提供了许多有益的思想和资料，持之有故，言之成理，分析实事求是。理论联系实际也是本书的一大特点。作者有整整八年中学教师的工作经验，因而有些问题的提出与论述，体现了作者的切身体验，是有感而发的；书中更有不少案例，生动具体，发人深省。此外，该书行文朴实、流畅，有的尚有诗意，可读性很强。

总之，综览此书，其纵论横议，使我联想到朱熹的《观书有感》一诗："半亩方塘一鉴开，天光云影共徘徊。问渠那得清如许，为有源头活水来。"愿以此诗相赠，希望由该书所引出的源头活水，源远流长，不断滋润师德建设这片沃土。如此，则教师幸甚！学生幸甚！教育幸甚！

黄济

1999 年 11 月 26 日，新风南里

目　录

专题一
教师伦理学
与师德范畴论

受制于盲目的利己主义的世界，就像一条漆黑的峡谷，光明仅仅停留在山峰之上。所有的生命都必然生存于黑暗之中，只有一种生命能够摆脱黑暗，看到光明。这种生命是最高的生命——人。①

---

① ［法］阿尔贝特·施韦泽：《敬畏生命：五十年来的基本论述》，17页，上海，上海人民出版社，2017。

正如阿尔贝特·施韦泽所说的那样:"受制于盲目的利己主义的世界,就像一条漆黑的峡谷,光明仅仅停留在山峰之上。所有的生命都必然生存于黑暗之中,只有一种生命能够摆脱黑暗,看到光明。这种生命是最高的生命——人。"毫无疑问,人类赖以摆脱黑暗的重要工具之一是伦理智慧。教师伦理学(或教育伦理学)①是关于教育伦理智慧或教师道德及其规范的学问。就学科的性质来说,它主要是一门规范和应用的伦理学。在进行具体探讨之前,我们先来描述伦理学的一般课题和形态,作为理解教师伦理学的学科性质的一个知识背景。

第一节　伦理与伦理学

一、伦理与道德

伦理学以伦理和道德为研究对象。那么,什么是"伦理",什么是"道德"? 它们是一个概念,还是完全不同的两个范畴?

伦、理二字在中国古代很早就已出现。《礼记·乐记》中说:"八音克谐,无相夺伦。""伦"指音乐的节奏或旋律的适当安排。《孟子》有言:"察于人伦""学则三代共之,皆所以明人伦也"②。"伦"字开始具有人际关系的意味。东汉的郑玄在注《小戴礼记》时说:"伦,亲疏之比也。"赵岐在解释孟子所谓伦的含义时则说:"伦,序……识人事之序。"还有一种解释说"伦者,轮也"③。一辆车要由两个轮子协调才能运转,轮喻人群的协调、交往关系。另一种解说为"伦者,纶也"④。纶线连贯方为布帛,引申为人际交往或关系。但无论何种解释,古人之"伦"主要指人际关系。由于中国文化特

---

①　教育伦理学是一个比教师伦理学更宽泛的概念,但就学校教育而言,这两个概念基本相似。本书所使用的教师伦理学和教育伦理学是一个概念。——作者注

②　《孟子·滕文公上》。

③　参见魏英敏主编:《新伦理学教程》,110页,北京,北京大学出版社,1993。

④　同上。

别强调血缘伦理关系，人伦所表达的人际关系在许多时候讲的又是人的名分和辈分等。"理"，是中国古代哲学的核心概念之一。《庄子·知北游》有言："天地有大美而不言，四时有明法而不议，万物有成理而不说。""理"乃万物运行的成法。不过中国文化是伦理性文化，理的内涵也就会自然延伸到人文领域。所以孟子以"心之所同然者"为理，朱熹以"主宰心者"为理。《吕氏春秋》则说："理也者，是非之宗也。"①理在这个意义上说当然是伦理，是道德的当然之则。将伦、理二字合用，最早也可追溯到《礼记·乐记》，"乐者，通伦理者也"。伦理在这里当然主要是人伦之理了。所以，如从中国文化言，伦理是人际关系及其调整的客观规则。

伦理的英文是 ethic。其基本含义是：1. system of moral principles，rules of conduct；2. moral soundness。② 前者的意思是道德规则系统，德行的规则；后者是指行为的准绳以及道德原则的可靠性、合理性。总而言之，中、英文在伦理概念理解上的共性是，"伦理"指道德的客观法则，具有某种可以做客观讨论的规律性。"伦理学"之所以不叫"道德学"，原因即在于此。

道德一词的英文是 morality，指 standards，principles，of good behavior，即有关美德和美德行为的标准、原则义。其形容词是 moral，意思是：1. concerning principles of right and wrong；2. good and virtuous，也是关于对错的标准和品行端正的意思。③ Morality 和 moral 的起源都是拉丁文的 mores（"mos"的复数形式），是习俗、个性的意思。与 ethic 的含义对比不难看出，道德更强调主体的德行。中文的"道德"二字在古代也是以分开使用为主的。"道"首先指宇宙的大法。《老子》第二十五章说"有物混成，先天地生……可以为天下母。吾不知其名，字之曰道"。《韩非子》中也说"道者，万物之所以然也……万物之所以成也"④。但孟子则说"仁也者，人也。合

---

① 《吕氏春秋·离谓》。
② 《牛津现代高级英汉双解词典》，394 页，北京，商务印书馆，1988。
③ 同上书，733—734 页。
④ 《韩非子·解老》。

而言之，道也"①。"道"在这里就成为人之为人的根本。关于"德"字的含义，古人有德、得相通之说。庄子说"通于天地者，德也"②。朱熹则说"德者，得其道于心而不失之谓也"③。故在中国文化中道德即"得道"，得宇宙之道、得人伦之道。所以，中国文化中的道德也主要指个体在心性上对宇宙人生奥秘的领悟和把握，以及由此而形成的德行、德性等。

综上所述，伦理和道德的含义基本相同，都与行为准则有关，但也有一些细微的差别。伦理主要指客观的道德法则，具有社会性和客观性；而道德是客观见之于主观的法，主要指称个人的道德修养及其结果。以伦理和道德为研究对象的伦理学既要研究客观的道德法则，又要关注个体的道德修养，但后者当是以前者为基础的。所以，伦理学的英文是伦理之后加个表示复数的"s"，即"ethics"也。教育伦理学或教师伦理学作为伦理学的分支，也应当注意研究教育道德的客观法则，并在研究这一客观法则的基础上，探讨如何使客观道德法则主观化、提升师德修养水平等课题。

二、伦理学的三种历史形态

从不同的角度看伦理学，可以做不同的形态上的划分。比如可以从理论层次上将伦理学分为理论伦理学和应用伦理学。前者研究的是伦理学的最基本的一些范畴和命题，后者则以此为基础，着力于研究如何实现理论伦理学的成果在实际生活中的应用。教师伦理学也有一些最基本的伦理问题需要研究，也要以理论伦理学的成果为基本依据。但教师伦理学主要是一门应用性的伦理学。

这里要探讨的伦理学形态主要是历史的形态。从历史的维度看，伦理学基本形态有三，即规范伦理学、描述伦理学和元伦理学。

规范伦理学（normative ethics）是传统和主流的伦理学。其特点是：

第一，主要用哲学思辨的方法研究伦理问题。这一特点既与学科发展

---

① 《孟子·尽心下》。
② 《庄子·天地》。
③ 《四书集注·论语注》。

的历史有关(自然科学不发达,还没有达到凌驾一切的近代水平),也与伦理问题、伦理学的领域特点(这是一个精神性和哲学性的问题领域)有关。

第二,以伦理的价值或应然为研究的重点领域。虽然规范伦理学也是以事实为基础研究问题的,但是事实只是研究的出发点。规范伦理学要做的是用应然去统摄实然,得出应然的结论,供人们选择,给实际生活以伦理上的指导。

第三,在理论和实际的关系上,由于规范伦理学一开始就是以给实际生活以伦理上的指导为当然使命的,所以规范伦理学具有较强的实践性。规范伦理学的肇始可以追溯到古希腊和中国的先秦。许多人认为亚里士多德的《尼各马科伦理学》是第一部规范伦理学的著作,亚里士多德亦被尊为"伦理学之父"。从那时起,经过中世纪直到近代,规范伦理学几乎一直是伦理学的全部。许许多多的伦理思想家都在这个领域有所成就。从19世纪末到20世纪中,规范伦理学就不断受到了描述伦理学和元伦理学的挑战而一度式微。不过,由于社会生活要求于伦理学来说主要是要为生活提供价值指导和行为准则,能够给予实际生活以价值指导的也只能是规范伦理学。而且如果离开规范及其研究,其他的伦理学形态也就没有存在的意义了。所以20世纪中期以后规范伦理学又重新成为伦理学的主流。

描述伦理学(descriptive ethics)是科学发展与分化、重组的产物。描述伦理学肇始于19世纪末,到20世纪六七十年代,许多人呼吁将它纳入伦理学的体系范围。实际上描述伦理学就是一些标榜要对伦理现象和道德问题做纯粹客观研究的伦理学的交叉学科,如道德心理学、道德社会学、道德人类学和道德民俗学等。皮亚杰、涂尔干等人是这一领域的代表人物。上述描述伦理学这些学科的共性是:

第一,强调客观、实证或者描述的方法,以揭示伦理的客观事实,反对坐而论道的思辨方法传统。

第二,其研究的重心是道德事实而非道德的应然之则。

第三,由于描述伦理学期望建立真正"科学"的伦理学,重在描述事实,所以描述伦理学得出的结论是理论和实际合一的。

描述伦理学的贡献在于它为伦理学的研究提供了大量的经验事实，可以为规范伦理学的一些命题提供佐证或纠正的依据，也可以在事实的基础上为伦理学的研究提供新的课题，从而提高伦理学的科学性，改善其干预生活的效能。但是事实问题与价值问题的性质不同，事实本身并不能告诉人们应当如何生活。所以描述伦理学只能与规范伦理学并存、互补，而不能取代规范伦理学。而描述伦理学在其产生时曾经有过取代规范伦理学的动机。

元伦理学（meta-ethics）又叫分析伦理学（analytic ethics），是科学实证主义在伦理学中的另一表现。元伦理学的创始人是英国哲学家摩尔（George Edward Moor，1873—1958），其于 1903 年发表的《伦理学原理》被视为元伦理学兴起的标志。20 世纪上半叶，尤其是 20 年代元伦理学曾经主导过西方伦理学，至今也仍然有着十分重要的影响。元伦理学的代表人物除摩尔之外，还有德国人石里克（Friederich Albert Moritz Schlick，1882—1936）、英国伦理学家罗斯（Sir William David Ross，1877—?）、黑尔（Richard Mervyn Hare，1919—?）等人。元伦理学的主要特征是要对伦理范畴和命题本身进行逻辑分析。元伦理学既不关心制定伦理规范，也不关心社会道德状况的客观描述，而仅仅关注从语言学和逻辑学的角度对道德术语和判断做分析、解释，寻找道德判断的理由和合适的根据。亦即："元伦理学不在于表述道德判断，而在于判断关于道德的判断，不在于理解道德，而在于理解对道德的理解。"[①]伦理学如要去制定正当或善的行为的规范是"多管闲事"[②]。元伦理学有直觉主义、情感主义和语言分析学派等分支。前两者分别认为伦理概念或命题只是一种直觉或情感的表达，也只有通过直觉或情感的方式才能把握，从而否认道德判断的客观性和伦理学的科学性。后者则希望通过分析找到某种道德判断的充足理由或"普遍规定性原则"。元伦理学丰富了伦理学的研究内容，开阔了传统伦理学的研究视野，有助于道德理解的深化和伦理学研究的准确性和科学性。但是元伦理学是一种无

① 石毓彬、杨远：《二十世纪西方伦理学》，100 页，武汉，湖北人民出版社，1986。

② 罗斯：《伦理学基础》（英文版），311 页，伦敦，牛津大学出版社，1939。

涉伦理内容的"伦理学",具有明显的与道德生活实际脱节的特征。有趣的是,希望使伦理学成为科学的元伦理学通过分析发现,伦理学不能成为科学,应当逐出科学的大门;而他们所极力寻找的"普遍规定性原则"实际上也是因文化的不同而不同的,元伦理学最终被迫走向了伦理的相对主义。所以,同描述伦理学一样,元伦理学不能取代而只能补充传统的伦理学研究。

教师伦理或教育伦理思想是与古代伦理、教育思想同源的。不过,很早就有教育伦理思想不等于很早就有教师(教育)伦理学。作为学科的教师伦理学是伦理学的近现代学科分化的产物。从以上三个伦理学的形态看,教师伦理学基本上属于规范伦理学的范畴,但它需要借鉴元伦理学的研究使有关教师伦理的研究更为准确,也需要以描述伦理学的方式研究教育伦理的事实,并以此为基础使师德规范的制定摆脱纯粹思辨的片面性。教师伦理学是一门应用伦理学,但是也必须有一定的理论深度。因为教师伦理学如果仅仅是教师道德规范的汇集或现成师德规范的解释大全,就无法将教师伦理讲通、讲透,也就失去了作为学科存在的资格。所以教师伦理学的学科性质可以这样界定:它主要是一门关于教师道德的学问,是规范伦理学和应用伦理学的一部分。但是这一界定的前提之一是要将规范和应用伦理学与其他伦理学形态的联系同时加以确认。伦理学诸种形态的结合是我们以"教师伦理范畴"作为课题的重要原因。

第二节　教师道德与师德范畴

一、教师职业道德的意义

教师职业道德的意义可以从教师职业道德存在的必要性、教师道德病态克服的需要和它能够发挥的功能几个角度去理解。

(一)教育劳动关系的特点决定着教师职业道德有存在的必要

教育劳动关系的特点之一是,教师在自己的劳动中一定会面临多种复杂的社会关系。最直接的有：教师个体与学生个体及群体；教师个体与同行个体和群体；教师与教育行政管理人员；教师与家长；教师与社会以及教师与自己的事业等。

由上可知：教师劳动关系的丰富性和这一关系调整所具有的自由度决定着必须有教师的职业道德存在。

(二)教师道德病态的克服决定了教师职业道德建设的必要

道德的反面是不道德，善的背面就是恶。有专门研究罪恶论的专家从罪恶的成因出发认为人类的罪恶包括四个主要的类型。① 以这一分类观照教育现实，我们不难看出：在教育实践中不仅存在着这样的罪恶，而且由于中国社会转型和道德建设本身存在的问题，这一"恶"的发展大有愈演愈烈之势。这四个主要类型的教育罪恶如下：

1. 物欲型罪恶

不惜一切地满足物欲所导致的罪恶属于物欲型罪恶。它既可以是一种无度的挥霍，也可以是为了这一挥霍所导致的对公私财富的非法抢夺。在日常生活中，对财富过度贪婪的追求与向往、一掷千金式的无度挥霍或者说病态的高消费，以及为此产生的偷盗、抢劫、赌博、卖淫嫖娼等现象都是物欲型罪恶的表现。教师本来是太阳底下最光荣的职业，应当远离上述罪恶。但是近年来一些教育工作者缺乏应有的自律，沾染了许多恶习。一些学校和教师将学校变成一个纯粹的市场，一切以经济利益为重。这是乱收费、向学生及其家长直接或变相索要财物或"方便"等现象的直接原因。更有甚者，一些学校和教师还直接参与了社会上流行的物欲型罪恶，成为为大众所不齿的对象。

2. 权欲型罪恶

权欲型罪恶是指因权欲过度而产生的罪恶。每个人在不同程度上都有一定的权力意识和权力欲望。但是如果为了满足这一欲望而丧心病狂，则会产生罪恶。要弄权术、尔虞我诈、争名夺利，以及这些现象导致的失职、

---

① 李建华：《罪恶论——道德价值的逆向研究》，171—172 页，沈阳，辽宁人民出版社，1994。

贪污、残暴等都是常见的权欲型罪恶。教育本身即是一种权力。它包括教师有自主教学和对学生进行组织、指挥、褒扬和惩戒的权力等。但是教师不正当地行使自己的教育权力也是一种权欲型罪恶。比如一些教师至今仍然名正言顺地看待和实施着不恰当的体罚和心理惩罚。又比如，教师之间、教育工作者的上下级关系中间也存在着与社会上类似的完全没有必要的弄权现象。这一罪恶现象的结果是教育关系的腐蚀、教育效果的丧失和学生身心健康的牺牲。

3. 名欲型罪恶

名誉是一个人的尊严所在。所以关注个人或集体的名誉本身可以是完全积极的东西。对于教育工作来说，教师之所以受人尊敬、教育之所以受信赖而具有巨大的功效，原因即在于此。但是对名誉的过度追求也会成为一种十分消极的社会行为即名欲型罪恶。一个著名的例子是：传说古希腊的牧人赫洛斯特拉特为了出名，一把火烧毁了建筑学上的经典——埃凡司的阿泰密斯的神庙。这就是所谓的"赫洛斯特拉特荣誉"（虚荣）。追求虚荣、欺世盗名、诋毁他人都是名欲型罪恶的表现。由于无论教师个人还是集体的荣辱与教育功效、教师的地位及待遇等都联系在一起，一些教育工作者也在校园中从事追求虚荣（作假）、欺世盗名（偷窃别人的成果）、诋毁同行的活动。这也是一种赤裸裸的阳光下的罪恶。

4. 情欲型罪恶

不择手段地满足一个人的情感需求所产生的罪恶即情欲型罪恶。鲁迅说过："无情未必真豪杰。"有情感需求，追求对这一需求的满足本没有错。错是错在对象、场合、程度上面。情欲型罪恶包括爱情的变态（如性自由）、友情的践踏（嫉妒）和情绪的失控（如暴怒），等等。教育工作中也常常出现一些情欲型罪恶。比如师生之恋（尤其在中小学）、对学生的偏爱溺爱、同行之间的嫉妒、在教育过程中的情绪失控（拿学生出气）等现象。教师的这些情欲型罪恶会极大地伤害教育对象，有的已经造成严重的后果。

财富、权力、名誉、情感等都是中立的概念。比如财富、权力、名誉、情感都可以成为教育目的实现的有益工具，也可以成为教育工作者的腐蚀剂，影响教育的信誉和功效。同时无论是物欲、权欲、名欲还是情欲，作为一种人类需要，应当说本身是中性的。它可以成为积极人生的动力，也可能导致人生的迷失、产生各种各样的罪恶。

亚里士多德说过："德行应该处理情感和行为，情感和行为有过度和不及的可能，而过度和不及皆不对；只有在适当的时间和机会，对于适当的人和对象，持适当的态度去处理，才是中道，亦即最好的中道。这是德行的特点。"①罪恶的产生原因肯定是多方面的。但对于道德主体而言，一个重要的原因在于价值观的偏颇、理性的丧失——也是德性的丧失。所以教师道德的研究与建设从负面影响的克服来看也是意义重大的。

(三)教师职业道德有十分重要的功能

1. 对教育对象，教师职业道德有教育功能

教师劳动的特点是教育主体与教育手段的同一性——教师既是教育主体又是教育手段，教师一举手一投足都会影响学生的成长。教师道德对教育对象的影响主要有二：一是教师道德影响学生的道德人格。具有良好师德的教师所表现出来的敬业精神和生活热情会感染学生，有利于形成他们的学习和生活的积极态度。反之则不利于学生积极的人生态度的形成。二是教师对学生的热爱、期望等会形成较好的心理氛围，有利于学生良好的学习动机的形成和心智成长。心理学中非常著名的皮格马利翁效应就是一个很好的例证。

2. 对教师集团，教师职业道德有调节功能

如前所述，教师作为一个职业集团员工必须处理好集团内部的同侪关系，也必须正确处理好职业集团与社会的关系。有了良好的教师道德，就会形成一定的心理和舆论氛围。同时道德也会在每一个教师的心中以职业良心和信念的形式形成一种自监督的机制。一外一内的双重道德约束有利于教师处理好各种利益关系。

3. 对教师自身，教师职业道德有修养功能

教师的职业道德与教师对教育活动的意义的理解密切相关。教师道德

①　李晖旭：《打造有灵魂的课堂》，187 页，北京，商务印书馆，2019。

能够通过评价、激励和追求理想人格等方式在造成良好的社会舆论和社会风尚的同时，培育主体自身的道德意识、行为和品质，从而提高教师的精神境界和道德水平，使教师成为道德纯洁、理想高尚的人。

4. 对社会发展，教师职业道德有促进功能

教师道德对社会发展的影响也很大。首先，教师的劳动也是社会生产的组成部分，教师通过对教育对象的塑造参与了物质文明的建设。教育对象最终会成为生产力的关键要素，教师能否以德育德，对这一生产力的关键要素影响深远。其次，教师的职业道德影响精神文明建设。实际上师德是社会道德的重要组成部分，除了它本身的高低是直接构成社会道德水平高低的一部分之外，它还可以以身示范，成为"社会的良心"，带动社会道德水平的提升。教师道德建设是社会精神文明建设的重要组成部分。最后，教师的工作实际上是社会生活重构的基础工程。教师通过自身也通过自己的"产品"直接或间接地参与良好的人际关系和社会生活的重建。

中国有一句令人深思的口号，就是"振兴民族的希望在教育，振兴教育的希望在教师"。实际上我们不妨进一步认为："提高教师素养的希望在师德的养成。"

二、教师道德的特点

教师道德首先是一种职业道德。职业道德一般具有的特征是：

第一，在调整对象和范围上有明显的专业性或特定性。职业道德是同人们的职业生活实践相联系的，往往只对从事某种特定行业的人起调节作用。比如专门意义上的"救死扶伤"的道德就只适用于医生；"诲人不倦"的规范也主要适用于教育工作者。

第二，在道德内容和结构上，具有一定的继承性和稳定性。职业道德除了反映社会宏观发展及其要求之外，主要反映社会对于职业的要求以及职业本身的特殊利益和要求。这样，一方面会形成相对稳定的道德规范系统，另一方面也会形成较稳定的职业传统习惯和特殊的职业心理。每一行

当都有自己的"规矩"。比如商业所讲的"童叟无欺""言无二价",教育上的"为人师表""以身立教"等都有较长的历史传统。从古到今,这些都有基本一致的要求。

第三,在规范形式和方法上具有灵活性、多样性。职业道德既有比较正式的规章制度形式,也有非正式的俗语、口号形式,还有一些不成文的规矩、习俗、习惯等。各行业往往均可以从本行业的具体实际出发制定反映职业道德内容的具体制度和要求。改革开放后,我国先后于 1984 年、1991 年、1997 年和 2008 年四次颁布和修订了《中小学教师职业道德规范》,倡行全国。各地、各校实际上也有反映自己特点的职业道德规范。

道德规范实际上是处理特定人际关系的工具。教师或教育道德的特点与教师的教育劳动中的人际关系特点有密切的联系。教师劳动过程中人际关系的特点有以下几个方面——制度性和长期性、双向性和互动性。

(一)制度性和长期性

所谓制度性是指教师的角色规定性和教育制度的规定性决定着教师人际关系的不可选择性。生活中许多人际关系都是具有可选择性的。比如朋友关系,如果我们与某人关系不是很融洽,那么我们完全可以敬而远之,减少或杜绝与之交往。但是教师在教育劳动中的人际关系,如师生关系就是制度化的、不可选择的,在一般情况下,这一关系是不能随便解除的。不管教师与学生之间融洽与否,教师都必须调整好自己的心态与学生交往。所谓长期性是指教师与学生等的人际关系会持续很长时间,人际关系的影响也十分深远,甚至具有终生性质。教师工作中人际关系的制度性和长期性都决定着教育伦理建立具有一定的重要性和严肃性。

(二)双向性和互动性

所谓双向性是指教师人际关系中最基本的人际关系——师生关系是互为因果的。教师怎样对待学生,学生就会怎样评价和对待教师。所谓互动性是指教师伦理的作用及其评价要通过学生去实现。一个成功的教师一般具有较好的人际关系,而这一较好人际关系的集中体现是学生的积极回应——对教师的尊重、对教师指导的尊重、学习积极性的高度发挥等。双向性和互动性的另外一个含义是，教师既作为人际关系的主动方面，也作为这一关系的被动方面而存在。不同的学生对不同的教师往往有不同的心理期待，符合这一期待的教师往往容易获得较好的回应，不符合这一期待的往往不能有效实现良好的人际关系——或者为学生所鄙夷，或者为学生不理解。所以，教师道德要求教师不仅要关心道德规范本身，而且要关心如何实现较全面的师德修养。

所以教师道德不仅具有职业道德的一般特征，而且还具有作为一种特殊的职业道德的独特性，教师道德与教师的教育劳动中的人际关系特点有密切的联系。教师道德的特点主要表现在以下三个方面。

(一)教育性

首先，教师道德直接构成和影响教育内容，教师道德在内容上因而具有教育性。比如，教师的价值观既影响显性的也影响隐性的教育内容。除了在显性教育方面教师会自动根据自己的价值观理解、处理每一节课的教学内容，凸显一些教育内容，而相对忽略另一些内容之外，在隐性课程方面，教师的敬业精神，教师对课程以外许多问题的看法的不自觉的流露也都会对学生产生不同程度的影响，受职业道德影响的教学方式如师生间的互动方式也是教师价值观的体现，也会作为课程影响教育对象。其次，师德的教育性与示范性联系在一起，教师的人格特征影响教育内容。教师的人格特征是影响教育内容的重要因素，甚至可以说教师的人格特征本身就是教育内容。教师的人格特征对教育内容的影响可以从两个方面去理解。一方面，教师的道德人格会成为榜样学习的对象。美国心理学家班杜拉(A. Bandura)等人认为，儿童的行为方式常常是模仿其所相信和崇拜的榜样人物而逐步形成的。不管教师愿不愿意，有无知觉，教师都有成为这种"榜样"的最大可能性。中国自古就有"以身立教"的理论，也是同样的道理。另一方面，教师的人格特征也影响他对教育内容的加工处理。一个有诗人气质的教师的教学会充满热情，富于想象；一位逻辑性较强的教师会以冷静思辨的睿智见长。情绪好的教师容易宽以待人，诲人不倦；而心情欠佳者则容易苛求学生，草率行事。尽管气质、情绪等人格特征主要是心理范畴，但是职业道德对于这些人格特征的修养和调整仍然是有非常大的导引作用的。

(二)自觉性

学校教育活动是一种具有高度自觉性的活动。教育工作的特点是教育主体和手段的合一性。现代教育制度中的教师职前培养和继续教育制度的存在使得教育工作者一般都经过专门的职业训练。因此他们不仅在教育工作的技能上具有十分明显的专业性和自觉性，而且在道德上也应该有高度的自觉性。教师对于主体和手段的合一性的工作特点有清楚的了解，这一理解实际上是教师形成使命感的源泉。教师应当是积极调整教育劳动中人际关系的主动力量。反之，一些缺乏师德自觉的教师实际上是失去了教师本质的"教师"，在人际关系中永远处于被动、低效或无效的境地。所以教师道德从道德主体的角度看，具有明显的自觉性。

(三)整体性

教育劳动的特殊性之一就是影响的整体性。因此从教师道德的影响性质这一角度来看，教师道德具有一定的整体性。这一整体性主要有三个方面。一是指每一位教师对学生的影响都是整体的；二是指教师对学生的影响具有集体性(面对的是学生集体)；三是指教育工作需要教师集体的通力合作才能完成。教师道德的影响与他的业务素质、人格特征等联系在一起。比如主观上希望对学生公正的教师可能因为其教育方式上的失误而适得其反。又比如一个心地仁爱的教师也可能因为其性格上的内向而给学生以冷漠的印象。所以师德的修养如同师德的影响一样都是整体性的。通俗地说，教师实际上必须尽量做一个"完人"。其次，现代教师的劳动具有非常强的集体性。单个教师的影响只有形成合力，才能更有效地作用于学生。换言之，作为教育劳动成果的学生实际上是一种集体性劳作的成果。因此师德中的重要内涵就必然有教师之间的协调与配合。

三、教师职业道德规范与师德范畴

教师的职业道德由一系列的规范构成，是一个体系。师德规范体系可从不同的角度予以划分。从师德调整的关系上看，有师生之间的道德规范，有教师同行之间的道德规范，有教师与家长之间的道德规范，也有教师与社会之间的道德规范。从规范形式上看，则有正式和成文的师德规范，有非正式的、不成文的师德规范。而从规范内容的抽象程度上看，师德规范又有师德范畴（即教师伦理范畴）、一般的道德原则、具体的道德规范和道德习俗和习惯之别。

上述三种甚至更多的划分都是有道理的。不过，对师德建设而言，第三种划分意义重大。这是因为人是一种理性动物，凡事都要问个为什么。要求教师遵循一定的道德规范，首先必须让教师认识、接受这一规范。一定的道德习俗或习惯合不合理，具体的道德规范为什么是必需的，必须由比它更高级的道德原则来说明。而一定的道德原则为什么是合理的，则需要由比它的抽象层次更高的道德范畴去说明。从伦理学体系的角度看，教师伦理学要研究的内容很多。比如，它必须研究教师道德的一般原理、范畴体系及具体的道德规范体系，研究教育道德评价、道德修养和道德教育等。但是，理解教师伦理学最关键的重心之一，我们认为应当是教育伦理范畴或"师德范畴"。

范畴（categories），是"反映事物本质属性和普遍联系的基本概念，是人类理性思维的逻辑形式"[①]，是人类思维发展水平的指示器。一个学科的基本范畴是这一学科知识体系之网上的"纽节"，对理解整个学科的逻辑结构和基本内容都有重要的方法论意义。

教师的教育伦理范畴或师德范畴可以做广义和狭义的理解。广义的师德范畴包括教师道德原则、规范中所有的基本概念，也包括反映教师个体道德品质的基本概念（如"谦虚""朴实""仁爱""乐观"），还包括教师道德评价、道德修养和道德教育等方面的基本概念（如"善""恶""自制""慎独"等）。狭义的师德范畴则专指可以纳入教师道德规范体系并需要专门研究的基本概念。这一道德范畴既是反映教育劳动中教师与学生、教师与同事和教师集体、教师与教育事业、教师与社会之间最本质、最主要、最普遍的道德

---

① 《中国大百科全书·哲学卷》，200 页，北京，中国大百科全书出版社，1987。

关系的基本概念，又是体现社会对教师职业的根本要求，要求教师引以为行为指南的最基本的道德准则。

本书采取的研究角度是以狭义的师德范畴为主、兼顾相关领域的方式。通过对师德范畴的学习和研究有利于我们纲举目张，理解教师道德的基本原则和具体规范，实现教师个体职业道德意识的形式转化，形成职业道德信念，从而真正地践行教师的职业道德。所以，研究师德范畴具有重要的教育伦理的实践价值。

因此，对若干师德范畴的理解既有利于我们理解一般的教育伦理的原理，也有利于我们理解具体的教师道德规范。我们这本《教师伦理学专题——教育伦理范畴研究》就是从这一想法出发以"教育伦理范畴"或"师德范畴"研究为经纬去研究教师伦理学的主要问题的。专题二至专题七分别研究教师的幸福、教师的公正、教师的仁慈、教师的义务、教师的良心及教师的人格等范畴。

思考题

1. 什么是道德？什么是伦理？两者区别何在？

2. 伦理学的形态主要有哪些？教师伦理学的学科性质应当如何理解？

3. 如何理解教师道德（建设）的意义？

4. 教育伦理或教师道德的特点主要有哪些？

5. 尝试着说明你对一个教育伦理范畴（教师幸福、教师公正、教师仁慈、教师义务、教师良心及教师人格中任选其一）的认识。课程结束后自己看一看，通过本课程的学习，你的认识有无提高。

专题二
教师幸福论

　　君子有三乐，而王天下不与存焉。父母俱存，兄弟无故，一乐也。仰不愧于天，俯不怍于人，二乐也。得天下英才而教育之，三乐也。①

---

① 《孟子·尽心章句上》。

马克思曾经指出："历史承认那些为共同目标劳动因而自己变得高尚的人是伟大人物；经验赞美那些为大多数人带来幸福的人是最幸福的人。"所以马克思认为"在选择职业时，我们应该遵循的主要指针是人类的幸福和我们自身的完美"。[①] 教师的职业选择以及职业道德的修养都是与人类的幸福和自身的完美亦即个人的幸福密切相关的。因而，教师的幸福是教师的职业道德建构的出发点和归宿；理解教师的幸福是理解教师的职业道德和教育伦理体系的重要"纽节"。

第一节　如何理解幸福

一、什么是幸福

理解幸福首先要区别幸福和幸福感。幸福是人的目的性自由实现时的一种主体生存状态。幸福感则是对这一主体生存状态的主观感受。无论幸福还是幸福感，理解人的目的性的自由实现都是十分关键的。要对幸福范畴有一个正确的理解就必须对人生和人的本质属性有一个深入的理解。

(一)幸福与人及人生的本质

幸福是人生的主题和人生的根本问题。对幸福范畴的理解与对人和人生的本质的认识联系密切。幸福是人的目的性自由实现时的一种主体生存状态；幸福感是对这一主体状态的主观感受。而人和人生的本质实际上就是一个目的性的命题。

1. 人的本质离不开目的性及其实现

关于人的本质，有必要进行一个方法论问题的说明。就是说应当区分"本原"和"本质"这两个范畴。本原问题即从最根本意义上回答世界是一元还是多元、唯物还是唯心的问题。比如人的社会性，在马克思主义者看来，就是一个本原问题。离开物质资料生产，离开社会关系谈人的任何问题都

---

① 《马克思恩格斯全集》(第 40 卷)，7 页，北京，人民出版社，1982。

会在本原上走向唯心主义。本质问题则是在本原问题的基础上反映事物特性或特殊矛盾的范畴。本质问题虽离不开本原问题却不可与之相混淆。关于人的本质，马克思曾有过两段十分著名的论述。一是在《关于费尔巴哈的提纲》中说的："人的本质不是单个人所固有的抽象物，在其现实性上，它是一切社会关系的总和。"①一是在《1844年经济学哲学手稿》中说的："一个种的全部特性、种的类特性就在于生命活动的性质，而人的类特性恰恰就是自由的自觉的活动。"②对比这两段话，不难看出，前者是从本原出发的，后者是从本质出发的。人的本质存在于、落实于"社会关系的总和"之中，与"人的类特性"（本质）本身在马克思那里本来就是作为两个问题展开论述的。只不过他的后继者们一度将其关于本原问题的论述取代了关于本质问题的论述而已。

那么，什么叫"自由的自觉的活动"？我们认为，自由的活动是康德所言的合目的性与合规律性的统一；自觉的活动就是目的性的活动。自由和自觉都首先与目的性密切相关。不过真正自由或自觉的活动如要实现，就必须是合乎自然和社会发展的规律（包括道德律）的活动，否则就只能是天真的幻想。幻想状态可能很美妙，但决非真实的幸福或幸福感。只有当个体找到适当的方式自由、成功地实现了自己的生活目的时才会有真正的幸福和幸福感。

马克思主义关于人的本质的认识是马克思主义幸福观的前提。马克思主义幸福观有两大特点，一是其社会性和历史性，马克思等主张个人的幸福只有在社会关系和历史发展的进程之中才可能真正实现，人类真正彻底幸福的时代只能是共产主义社会。二是个人幸福与社会幸福的统一，只有将个人幸福与社会幸福相结合，才会有真正的个人幸福。马克思主义幸福观的这两大特点是马克思等人在幸福观上区别于历史上许多伦理思想家的贡献所在，也是我们正确理解幸福的重要方法论基础。这是一个本原性的结论。但是，所谓"自由的自觉的活动"也显然具有人道主义的性质，它主

---

① 《马克思恩格斯选集》（第1卷），56页，北京，人民出版社，1995。
② 《马克思恩格斯全集》（第42卷），96页，北京，人民出版社，1979。

张人类个体的幸福，同时也强调只有当个体在合规律性的活动之中实现了自己的目的时，才会有幸福状态和幸福感。恩格斯就曾指出："每个人都追求幸福"是一种"无须加以论证的""颠扑不破的原则"。[①] 人类社会不断进步的重要标志之一应当是越来越多的人获得越来越多的幸福。故此，对于个体的幸福，我们同样不可忽视。我们过去曾经片面强调幸福的实现条件，诸如社会、历史条件以及个人幸福的社会幸福前提等，其结果是个人幸福本身不见了。这是值得我们深思和汲取的教训之一。

2. 人生的本质或意义在于人的目的性的实现

人生乃"人"之生，并不等于纯粹的生命过程。生命过程如果是一种生物学概念，就是人类和其他动物所共有的现象。因此如果以人的生理需要满足为目的，那就是将动物对自然简单适应的规律性理解为目的性。这样的目的是一种虚假的目的。人之生虽然以生命过程为前提、为基础但却不以此为本质。有学者认为人的生命具有"三重性"，即人有"生理生命""内涵生命"和"超越生命"[②]。"生理生命"指人作为生物体的存活。"内涵生命"指人生的丰富程度，亦即单位时间里经历的事情越多，内涵生命就越大，就等于延长了生理生命的存在。"超越生命"则不然，它是人对作为人生基础的生理生命及其限囿的超越努力，即人寻找永恒与不朽等真实目的的冲动与努力。从生命三重性来看，人生乃是以超越生命为内核的一种目的性的价值存在和物质存在的统一。失去生理生命，人作为肉体不复存在，人生及其目的就因无所托付而不复存在。但生理生命只是人生的必要条件而非充分条件。由于人从本质上讲是一种精神性或价值性存在，所以失去超越生命特质，只顾眼前和肉体存活的"人"实际上不是真正的具有自主意志的人，其生命历程当然也不属于真正的人生。"内涵生命"的范畴非常重要。但内涵生命所指的生命的复杂程度需要作进一步的解释。因为假如人生的丰富是靠生理生命形式的简单重复去实现，那么所

---

① 《马克思恩格斯全集》（第42卷），373—374页，北京，人民出版社，1979。

② 郑晓江、詹世友：《西方人生精神》，357—358页，南宁，广西人民出版社，1997。

谓内涵生命就是指人尽量过花天酒地的生活、尽可能满足不同物欲和寻找满足物欲的尽可能多的自在形式而已。这样的"内涵生命"等于没有"内涵"的生命。所以花天酒地之后必有空虚和迷惘。内涵生命的"内涵"必须寻找价值或人生目的的支撑。有了价值支撑就如有了超越生命的引导，人的真正的丰富性才能开始（因为它开辟了与动物性生存完全不同的、更合乎人的本质的一大领域），人的生命才具有真正厚重或内涵的特质。由此看来，人生意义的源头在于人生价值或目的的寻找。而价值或人生目的的寻找的重要性在于其设计了判断人生质量高低的最根本和最终极的标准。当个体感觉到他找到人之为人的目的，并且他觉得自己的行为是在践行这一目的时，他就会有一种主观上的践行天命的愉悦，这就是幸福感。

目的性的实现是幸福的本质性规定。这是人们区别所谓"俗福"（等同于物质性快乐）和"雅福"（目的性的实现）的标准。人们追求幸福却不得要领的关键往往在于不能把握幸福的上述本质。

（二）幸福与快乐

幸福范畴的正确理解还要与对一个相关概念即快乐的理解结合起来。

幸福与快乐非常相似，都是人的主观愉悦状态。《韩非子·解老》中说"全寿富贵谓之福"。《礼记·祭统》中说："福者，备也。备者，百顺之名也。无所不顺者，谓之备。"在这样的理解中快乐与幸福基本是统一的。换言之，幸福或者"雅福"并不是一个与"俗福"无关的范畴。雅福往往寓于俗福之中。与此同时，由于历史上曾经出现长时间的对于幸福的禁欲主义的理解，所以快乐主义曾经是纠正偏颇的药方之一，具有进步意义。古希腊的德谟克利特说过，"人生没有宴饮，就像一条长路没有旅店一样"[①]。可见快乐与幸福一样，都有其积极的意义。但是也正是因为上述联系，快乐与幸福的混淆是生活中司空见惯的现象。实际上，虽然快乐也包括精神上的愉悦，因而也可以包括在幸福内，但是它主要的内涵仍然是感官上的愉

---

① 北京大学哲学系外国哲学史教研室编译：《古希腊罗马哲学》，107—108 页，北京，商务印书馆，1961。

快状态。如果从后面的这种狭义的理解出发，我们就不难发现幸福和快乐有着非常大的区别，而这一区别对于道德生活来说意义重大。

幸福与快乐的首要或根本区别在于是否有目的性、意义性或价值性。幸福是生活目的的实现，同时也可以说，幸福就是生活的目的本身。亚里士多德就指出："既然目的是多种多样的，而其中有一些我们是为了其他目的而选择的，例如钱财、长笛，总而言之是工具，那么显然，并非所有目的都是最后的目的。只有最高的善才是某种最后的东西……总而言之，只有那种永远因自身而被选择，而绝不为他物的目的，才是绝对最后的。看起来，只有幸福才有资格称作绝对最后的，我们永远只是为了它本身而选取它，而绝不是因为其他别的什么。"①正是由于这一原因，幸福是伦理生活的一大公理。快乐则不然。生活离不开快乐，却不以快乐为最终的目的。这是因为感官快乐只是生理欲求的满足，本身无所谓对错或善恶，它的对或错需要另有标准去判断。比如人饿了要吃饭。吃饭是人存在的条件，本身无所谓对错或善恶。吃饭方式的善恶尚需另找标准去衡量。显然，一种尚需别的事物去说明的东西是不足以做人的本质和人之为人的生活目的的，它永远都只具有工具的意义。无论是吃饭还是吃好一些的饭，都是人生真正目的实现的条件和工具。止于吃饭或吃好饭就是止于人的动物性或生理生命层面。李白诗曰："五花马，千金裘，呼儿将出换美酒，与尔同销万古愁。"（《将进酒》）愁什么？愁的是目的性或意义感的丢失。这是"五花马""千金裘"等所难以取代的，所以才"钟鼓馔玉不足贵，但愿长醉不愿醒"也。此外，快乐之所以不能作为生活的目标还因为存在着与快乐、快感作为生活目标的反命题；痛苦也是生活中必需的。理由是，没有痛苦绝无快乐。做一个不满足的人要比做一只满足的猪好②，而人们凭借常识即不能接受将痛苦也作为生活的价值

① ［古希腊］亚里士多德：《尼各马科伦理学》，10—11 页，苗力田译，北京，中国社会科学出版社，1990。

② 约翰·斯图亚特·密尔（John Stuart Mill）语，转引自［德］弗里德里希·包尔生：《伦理学体系》，234 页，何怀宏、廖申白译，北京，中国社会科学出版社，1988。

目标。

　　幸福与快乐的第二点区别在于主体感受上的无限和有限。幸福感具有无限性。幸福感、意义感的获得，是个体意识到自己践行了"天命"（为人的使命）时的愉悦。所以行动之前有憧憬的幸福，行动之中有崇高的愉悦，行动之后有永远的欣慰。比如一个教师在他认真而且成功的从教过程中的幸福感受。首先，教师在走进一个新的班级时会有一种即将践行使命的愉悦：他知道会有一批新面孔在等着他，就像是一批种子在等待播种。其次，整个教育过程之中他会有一种幸福感，因为他的劳动的目标一天天在实现，他常常会有"喜看稻菽千重浪"（毛泽东诗句）的愉悦。最后，当他的教学任务完成以后，他仍然有永远的愉悦。这不仅是说教育对象以后的发展或发展的前景使他高兴，而且是说仅仅是回忆起他的教育过程本身就足以使他具有幸福的感觉。实际上任何自由实现目的的活动都会产生这种超越时空的无限幸福。而快乐则不然。快乐具有"消费性"。所谓消费性指的是快乐过程随欲望的满足而消失的特性。对饥、渴状态的解除会带来饮与食的快乐。但是这一快乐是逐步递减最终消失，而后走向反面的——饮食过度不仅不快乐，而且有害。所以快乐本身具有非常大的时空有限性。有限性既是无目的性或无价值性的结果，也是它的原因。就是说，正是因为它的极其有限，才不可能作为生活的目标。

　　幸福与快乐的第三点区别在于有无对于牺牲的超越性。幸福具有享用性。幸福高于快感，同时幸福也超越了"牺牲"。"一种合乎目的的行为方式总能引起幸福经验……合乎目的的行为是自由的行为，它不可能是一种自找苦吃的愚蠢行径，即使是一种牺牲的行为——牺牲某种利益甚至生命——也一定能够在另一种意义上获得幸福经验，而不可能是一种任何意义上都否定自身的行为。""幸福的行动必定免除了或者说自由于（to be free of）各种计较——无论是自私的还是无私的计较。"①所以伦理生活的至境同

―――――――――

　　① 赵汀阳：《论可能生活》，75—76、123 页，北京，生活·读书·新知三联书店，1994。

审美生活至境在最后总是自然地融通的。幸福的非牺牲性不是说人没有付出，而是说人的付出早已是出于人之为人的本心从而免除了利害计较，得也罢失也罢并不在他的活动目的或价值关心的范围。这一点我们只要看一看那些饥肠辘辘的母亲却能幸福地看着自己的孩子吃完最后一块面包之类的例证即可。这也可以说是审美上的"非功利"或"超功利"的境界。非功利的幸福生活和道德人格由于人的自由本质的灌注必然具有肯定人的特征，幸福生活其实就是诗意人生，道德人格其实就是审美人格。它们都自然地成为主体精神享用的对象。而快感无价值，许诺或追求快感都只能带来人格的畸形。这是因为假如以快乐作为生活的目标，主体所能获得的快乐永远都小于其主观的期待，就像一个守财奴即便是一个亿万富翁仍然会愁眉苦脸一样。从这一意义上说快乐与不幸联系在一起。所以真正的道德生活或人的生活只能是追求具有价值性、真实性、享用性的幸福目标的生活。

幸福与快乐还有一点区别是幸福具有更强烈、更持久的成就与动力特质。人之所以能在生活中克服千难万险，最根本的原因在于人有其精神动力或精神支柱。幸福与快乐，都具有动机色彩，但前者对人的推动更恒久，力度更强。原因在于快乐与生物性需要的满足相联系，而幸福与对真、善、美、圣等价值追求的超越性需要的满足相联系。幸福即人本质的实现。追求幸福是信徒对神性的追求，是政治信仰者为社会理想的献身行为，也是日常生活中免于计较或超越物质牺牲的痛苦而付出的种种饱含自由意志的努力。所以，人生的主题就是幸福的追求，而幸福获得本身就是一种成就。稍纵即逝或消费性的感官上的快乐显然不可能使主体获得成就感。相反他只会有大火之后的灰烬感与虚无感。

幸福与快乐的区别也许远不止上述几点。但有一点可以肯定的是，理解幸福区别于快乐对于正确认识幸福概念本身至关重要。

二、幸福与德行

(一)幸福与德行的矛盾

《尚书·汤诰》中说："天道福善祸淫。"所以人应当"以德祈福"。《洪范》

篇中也说："予攸好德，汝则锡之福。……于其无好德，汝虽锡之福，其作汝用咎。"所以，幸福需要主体的德行作为条件。然而幸福与德行之间又并不完全一致。这就造成了德与福之间的矛盾。

东汉时期的王充曾在《论衡·福虚》中以"尧舜不赐年，桀纣不夭死"，秦穆公"有娱乱之行，天赐之年"而晋文公"有德惠之操，天夺其命"为例，证明墨家笃信鬼神报应的观点的谬误，指出德与福的矛盾。

实际生活中德福矛盾的例子应当说比比皆是。往往有德行的人不仅俗福不得，有的甚至还有雅福的损失。而道德败坏者却屡屡生活得十分"惬意"。同时更没有一个德行与幸福关系上正相关的量的比例。那么德福之间这一矛盾现象是怎样形成的呢？

原因主要是一点——德行或德性只是幸福的必要条件而不是充分条件。正如伦理学家石里克所指出的："我们的陈述显然不能断言德行能保证快乐的生活，而只能说，善行导致在生活所给定的外部条件之下可能达到的幸福。"①

《墨子·公孟》中记载：有一次墨子患病，跌鼻问他，既然鬼神能够赏善而罚恶，为什么像您这样的圣人还生病呢？墨子的回答是，人生病的原因很多，就像一间房子有一百扇门，关闭一扇，小偷还可以从其他门里进来。孔夫子被围陈蔡之间七天，饮食皆无。孔子的解释是"时"不好，而"君子博学多谋，不遇时者多矣"。② "时"就是机遇与条件。的确，由于许多主观和客观的原因，德与福之间的必然联系加进了许多偶然性，常常出现断裂，形成幸福与德行的矛盾。

对人来说，仅仅指出德福矛盾是远远不够的。如果看不到问题的另外一面，就可能走向人生的消极一面。《列子·力命》中就说："可以生而生，天福也，可以死而死，天福也。可以生而不生，天罚也，可以死而不死，天罚也。"所以，"天地不能犯，圣智不能干，鬼魅不能欺"。人只能"平之宁之，将之迎之"。道家的结论是：任天顺命。

---

① ［德］石里克：《伦理学问题》，168 页，北京，商务印书馆，1997。
② 《荀子·宥坐》。

(二)幸福与德行的一致

实际上，幸福与德行的矛盾丝毫不能否定德福的一致性。这主要可以从两个方面加以说明。

第一，从总体上说，德福一致具有必然性。就是说，从人群中的大多数情况和历史上的大多数情况来看，德行与幸福是基本一致的。这既有功利上的原因，又有文化上的原因。所谓功利上的原因，是指道德本身是一个具有客观性的利益调节器，其分配原则当然是按"德"分配。所以即使是俗福，德与福也是基本一致的。其次，人是文化性或社会性的动物。道德是文化的因子之一，其制约人的方式是良心与社会舆论。所以一个人不具备起码的德性，没有德行，他就很难被社会接纳。这样的人始终是孤独和不幸的。所以我们说，从总体上说，德福一致具有必然性。

《韩非子·解老》中是这样解释老子的"祸兮福之所倚"的："人有祸则心畏恐，心畏恐则行端直，行端直则思虑熟，思虑熟则得事理。行端直则无祸害，无祸害则尽天年。得事理则必成功。尽天年则全而寿，必成功则富与贵。全寿富贵之谓福，而福本于有祸，故曰祸兮福之所倚，以成其功也。"①在祸与福之间的中介是德行。反之有福之人如果骄傲、邪僻，失去德行，则出现"福兮祸之所伏"的局面。由福而祸的中介则是失去德行。所以，"德性与幸福并不仅仅是偶然地通过神灵的中介而发生联系，而是出自事物本性的联系"②。幸福的前提条件之一是德行，德行与幸福是基本一致的。

德国伦理学家包尔生针对人们对德福矛盾的困惑与震惊时说："这些现象吸引人如此多的注意、引起如此的义愤的事实看来正好说明：这些现象不是常规，而是例外。""如果这些事件不是违背事物的本性，它是不会引起

---

① 当然，关于祸福相倚的解释，韩非的解释只是一家之言。——作者注
② ［德］弗里德里希·包尔生：《伦理学体系》，342 页，何怀宏、廖申白译，北京，中国社会科学出版社，1988。

这样的激动。"①

第二，从雅福的角度看，德与福是一种等同关系，具有一致性。所谓从雅福的角度看，实际上就是从幸福的精神性这一立场出发看问题。从这一立场看，德行本身就具有自我肯定、超越牺牲的性质。孔子说，"君子道者三，我无能焉：仁者不忧，知者不惑，勇者不惧。"②所谓"仁者不忧"，其实就是有德性的人的一种幸福。正因如此，才有孔颜之乐的根据。包尔生也说："外在的幸福并不总是落到明智和有德性的人身上，但有德性者也倾向于认识到这一点。即使他没有得到它，他也能确实地在他心中发现幸福。"③德行与雅福之间的等同关系更能够体现伦理学上德福一致原则的精神实质。

由于真正有一定德行的人实践德行实际上就是实践其人格的追求，所以德行本身具有自我实现的意义。即使千辛万苦，道德主体也有践行天命的神圣与愉悦。这正是那些恪守道德，宁可玉碎、不愿瓦全的人格的动力所在。杀身成仁的可能性由此产生。

(三)德福一致的意义

德福一致的意义非常重大。这主要表现为社会和个人两个方面。从社会的角度看，如果没有德福一致原则的总体存在，就会出现严重的道德失范、社会危机。这或者是社会的原因，或者是道德本身的问题。但德福一致原则的破坏肯定会影响、破坏社会必需的稳定与进步。从个体角度看，没有德福一致的原则，道德生活就是一种无意义的纯粹的牺牲。这样的道德生活即便有某种合理性，也是极不人道的。同时由于道德努力得不到肯定，个体肯定会走向这一道德规范的反面去寻求更合目的性的生存方式。所以，对一个健康的社会或一个正常的个体而言，德福一致原则的存在是

---

① [德]弗里德里希·包尔生：《伦理学体系》，343、344 页，何怀宏、廖申白译，北京，中国社会科学出版社，1988。

② 《论语·宪问》。

③ [德]弗里德里希·包尔生：《伦理学体系》，342 页，何怀宏、廖申白译，北京，中国社会科学出版社，1988。

十分重要的。

德福一致的原则对理解教师伦理体系和实际的道德生活也具有重要意义。因为只有德福一致的道德生活才是值得追求的；只有德福一致，伦理规范才能确立自己的存在根据。从本书的逻辑结构来看，正是因为我们认为幸福范畴是所有教师道德范畴如教师的公正、仁慈、义务、良心、人格的起点、归宿以及联系它们的纽节，我们才在教师伦理范畴体系中首先选讲教师的幸福的。

一个有趣的例子是，我们一直将教师的生活比作燃烧的红烛，燃烧自己照亮别人。从上述立场出发，应当说这一比喻是有缺陷的。红烛的比喻只看到教师无私奉献和崇高的牺牲的一面。但教师的工作并不只是牺牲，教师在奉献的同时不仅有收获，而且这一收获具有强烈的意义色彩。教师的德性、德行与教师的幸福密切相关。

第二节 教师的幸福及其实现

一、教师幸福的特点

教师的幸福就是教师在自己的教育工作中自由实现自己的职业理想的一种教育主体生存状态。教师的幸福也称教育幸福。对自己生存状态的意义的体味构成教师的幸福感。教师的幸福有以下几个主要特点。

(一)教师幸福的精神性

教师幸福的精神性首先表现为劳动及其报酬的精神性。这里并不是反对给教师改善生活待遇，也不是说教师只有苦而没有乐。而是说在物质待遇既定的情况下，教师生活有恬淡人生、超脱潇洒，或者说有"雅"的一面。教师的报酬实际上也的确不止于物质生活。学生的道德成长、学业进步，进而对社会作出的贡献，都是教师生命意义的确证。师生之间在课业授受和道德人生上的精神交流、情感融通都是别的职业所难以得到的享受。教育主体只有充分认识这一精神性质才能发现包围自己的人生诗意。

孟子曰："君子有三乐"，"父母俱存，兄弟无故，一乐也；仰不愧于天，俯不怍于人，二乐也；得天下英才而教育之，三乐也"。① 将"得天下英才而教育之"与"父母俱存，兄弟无故"的天伦之乐、"仰不愧于天，俯不怍于人"的德性生活之乐相并列，而称之为"三乐"，表明孟子作为人师对自己职业重要性的充分肯定；同时，这一肯定中也明显含有对教育劳动的精神审美意蕴。的确，"教师只有摆脱了职业感的束缚，不把教当成谋生的手段，而是出乎自己的需要，像孟子那样以得天下英才而教之为乐，那么他才能在教的活动中自由地、有创造性地发挥自己的全部才能和力量……只有当教、学双方在互动之中都抛弃一切世俗的、外在的各种顾忌，沉浸在艺术的创造过程之中，才能达到'孔颜乐处'的境界"②。

正是因为教育劳动的精神性，在人们的心目中，教师始终有着崇高的地位。在中国，早在先秦时期荀子即将教师地位提高到与"天地君亲"相并列的高度，要求统治者"贵师而重傅"。其后中国人也一直认为教师"有父之亲，有君之尊"③。在其他各民族的文化中也存在着同样的对于教师的尊重。1995 年颁布的《中华人民共和国教育法》在总则第四条明文规定："教育是社会主义现代化建设的基础，国家保障教育事业优先发展。全社会应当关心和支持教育事业的发展。全社会应当尊重教师。"上述规定在《中华人民共和国教师法》(1993)和其他法规中有更具体和明确的规定。从世界范围来看，除了对教师劳动的普遍尊重的规定之外，一般都有对教师人格和尊严保护的严格的规定。同样对尊严或人格的侵犯，在教师问题上往往会有更严厉的处罚规定。原因之一也在于教育劳动的精神性、人格性决定着必须确保对教师的崇高地位的尊重。由于教师及其劳动的崇高地位，决定着教师有可能在这一特殊的尊重中收获职业的意义，换言之，体会自己的幸福。所以教师的幸福体验也具有精神性：教师的幸福与教师的荣誉联系密切。

---

① 《孟子·尽心上》。

② 周浩波、迟艳杰：《教学哲学》，100—101 页，沈阳，辽宁教育出版社，1993。

③ 张履祥：《愿学记一》。

(二)教师幸福的关系性

我国台湾教育家高震东先生曾经在自己著作的扉页上写下了这样一句话:"爱自己的孩子是人;爱别人的孩子是神。"①的确,教师应当是"爱别人的孩子"的"神"。

教育幸福的特点之一就是关系性或给予性与被给予性。这一特征的表现有二。第一,学校教育中教师的使命是给予而非索取。这只要对比一下一般的"师生"关系与"师徒"关系在性质上的区别即可。前者希望倾其所有、无条件地教育学生。作为人梯,所有的教师都希望自己的学生有卓越的表现——最好能够超过自己。而无论是教授武功的师傅,还是手工艺方面的师傅,总是要在教授一些内容的同时,保留一些绝活的秘密,非嫡亲者不予传授——这是他们保护自己生存的必须。第二个,教育劳动的成果必须建立在交流之上,必须通过对方才能肯定自身,即教师的幸福是被给予的。教师只有全身心地将自己对学生的热爱给予学生,才能建立真正的"主体际性",才能进行有效的工作。教师也只有进行了富于热情和智慧的给予,才能从自己的教育对象身上看到自己的劳动成果,进而实现精神享用——体验幸福。当然,被给予也包括那种直接来自学生的积极反馈。

教师幸福的给予性本身倒过来也能够说明为什么教师的幸福是一种精神性的"雅福"。因为其超越了一己之私。

(三)教师幸福的集体性

教育劳动的特点之一是它的集体幸福与个人幸福统一的集体性质。任何一个学生都是教师集体劳动的结果,也是学生集体劳动的结果。因此,教师的幸福及其体验既具有一般幸福所具有的个体性,又具有集体的性质。一般来说教师在教育工作中至少直接存在这样四种合作关系:教师个体与学生个体、教师个体与教师集体、教师个体与学生集体、教师集体与学生集体之间的合作关系。一个优秀的学生,我们可以说是某某老师的学生,也可以说是某某学校、某某班级的学生。因此,教师的幸福具有合作与共

---

① 转引自林崇德:《教育的智慧——写给中小学教师》,36 页,北京,开明出版社,1999。

享性，也具有超越性。共享性是指属于一个集体的成员都可以享用同一个幸福；超越性是指教师由于劳动的集体性质，必然具有与人积极合作而不是恶性竞争的特点。因此教师的幸福建立在超越个人打算或个体利益计较的基础之上，教师的劳动与幸福都具有在境界上相对崇高的特征。

(四)教师幸福的无限性

教师的幸福具有效果上的无限性，表现在时间和空间两个维度。

时间上，教师的幸福是无限的。教师对学生在人格与课业上的影响具有终生性质，教师的劳动通过学生与生生不息的人类文明联系在一起。因此教师所收获的幸福也是超越时间限制的。一个教师即使退休了，或者停止了作为教师的职业生涯，丝毫不妨碍其学生对他的永远的尊敬，也不影响他本人对所从事过的这一事业的劳动成果(有出息的学生)的美好回忆。教师幸福无限性与教师劳动的精神性、关系性有密切的联系。

空间上，由于教师的劳动产品与社会网络联系起来，教师的劳动效果就远不会局限于某一个校园之内。一代一代的伟人、一代一代的普通劳动者都是由于教师的劳动而对世界的进步作出伟大的贡献的。教师因而可以通过自己的劳动对整个世界的影响而理解工作的意义，体会自己的成功。所以教师的幸福具有空间上的无限性。

二、教师的幸福能力及培养

幸福是一种能力吗？它是怎样一种能力？我们认为，由于幸福的价值性质，并不是所有人都能够创造和感受幸福。所以，幸福是一种能力，是一种有关幸福实现的主体条件或能力。

伦理学家石里克曾经提出过一个"任何时候都要为幸福作好准备"的道德原则。他说："人们不能追求幸福，不能寻找幸福，因为它不能被人们从远处认出来，而只会在它出现时突然揭开自己的面纱。幸福是生活中的那样一些少有的时刻，那时，由于看起来无意义的情况巧合在一起，世界突然变得完美起来，热情的握手，清澈如水的容颜，小鸟的歌唱，人们怎么能够'追求'这样的东西呢？幸福也不取决于这些东西，它只取决于这些东西力求唤醒的心灵的接受能力……取决于通向最高快乐而不为丑恶行为所玷污的方法。"所以"人们不应该追求幸福，而应力求成为值得享有幸福的人"，幸福能力就是"接受幸福的能力"。[①]

教师的幸福能力及其培养实际上就是教师幸福的实现问题。教师幸福的实现需要两个方面的前提条件：一是狭义幸福能力的培养，二是广义幸福能力的培养。

(一)狭义幸福能力的培养

对幸福的理解、敏感、向往与追求，都是一种有待于发展的主体能力，即"幸福是一种能力"[②]。幸福能力又可以划分为狭义和广义两类。所谓狭义的幸福能力，主要是指主体必须具有健康向上的人生观、价值观，具有品味人生意义的价值性条件。

幸福能力之所以需要培养，最主要的原因在于幸福与主体的联系。人人都向往和追求幸福，但并非人人都能获得幸福。由此可见，获得与感受幸福都是一种需要磨砺和培养的能力。根据马斯洛的理论，人类有一种追求精神价值的超越性需要，即所谓"似本能"。对幸福的向往与追求即属一种似本能。似本能首先是说人对意义世界的寻找、人的向善的属性是某种类似于生物性本能的东西，对于个体来说具有与生俱来的"先验性"。当然，从实践的唯物主义观点看，这一"先验性"的价值需求乃是人类整体历史实践所产生的积淀或社会遗传。同时，"似本能"本身也说明人的价值需求并不等于生物性遗传。马斯洛认为，似本能极微弱，因而极易被忽视从而走向萎缩。因此人的超越性需要只是一种类似本质的潜能和可能性。假如人的生活或教育过程忽视这一方面，则人的价值需要本身就会萎缩，个体也会因此而走向心理病态(无意义、枯燥、狂暴等)。由于幸福本身的精神性和社会性，没有健康的价值需求与追求的人必定是远离幸福的人。所以对幸福的需求人生而有之，但幸福的感受或创造能力又的确是一种有待开发的潜能。从可能到现实的重要中介就是道德教育和全部教育活动。

---

① ［德］石里克：《伦理学问题》，171—172 页，北京，商务印书馆，1997。
② 赵汀阳：《论可能生活》，120 页，北京，生活·读书·新知三联书店，1994。

　　幸福不是物质欲望得到满足的自然性、即时性的快感。幸福是人之为人意义实现所给予主体的精神性愉悦。故主体要具有的幸福能力至少有三个方面：第一，主体必须有一个合乎人本质的人生目的。没有目的的人生就是漂泊的人生，使命感的失去就是意义感的失去，幸福就无从获得。第二，主体必须有一种走向最终目标的创造性活动。创造性对于幸福有两种。一是唯有创造才有合乎人类自由本质的合目的性的活动过程；二是唯有创造，主体才更全面深入地参与生活，获得幸福的感受性就越强。当然，在追求生活意义或目的的途径中，困难与牺牲的存在也决定了创造性存在的必要。所以没有创造性的人往往是不幸或难以获得较高强度的幸福的人。第三，主体的合目的的创造性活动本身必须合乎人之为人的道德法则。正如亚里士多德所言："幸福即是某种德性。""幸福即是合乎德性的现实活动。"①幸福与德性的联系实际上意味着实现人生价值目标的手段也必须是体现而非背离人的本质。通俗地说：一个人不能采取卑下的手段去追求崇高的幸福。这也是一种"德福一致"，而且是一种没有冲突的"德福一致"。因为手段与目的的冲突会削弱甚至取消目的及其可能带来的人生意义。以上三项主体条件固然可以通过人生修养去实现，但毫无疑问，道德教育和全部教育活动在帮助人获得真正的人生目的、获得幸福人生所必需的创造性和道德法则上均具有重要的意义。换言之，人的幸福能力需要通过修养、教育特别是道德修养与教育去获得。

　　此外还有一点需要补充的是，幸福既然是人之为人意义的实现，那么谁对人生意义与本质的把握最透彻、追求最执着，谁获得幸福的可能性及质量就越高。即，人生的境界与幸福的境界成正比。从这一意义上看，提升人生追求本身是提升人的幸福水平的前提。因此幸福对于教师的生命质量和全部教育活动的规定乃是不言而喻的。

　　幸福能力需要培养或教育的第二点理由是大量幸福病态的存在。

---

　　①　亚里士多德：《尼各马科伦理学》，14 页，北京，中国社会科学出版社，1989。

有一个实证的例子，很能说明问题。日本社会学家千石保曾经在一些国家作对比调查，问题为：如果有足够的钱供你一生享乐而无须工作，那么你是去享乐还是去工作？1987年千石保说，根据大约20年以前的调查，基本上没有人回答靠玩过日子。美国的比率为2‰～3‰，日本竟不到1‰。然而近年来，"玩派"骤然增多。根据1983年世界青年意识调查对11个国家提问的结果，"玩派"比率最高的是瑞士，占39.8％；日本为19.8％，美国为21.8％。到了1987年，日本的"玩派"占到26.9％，4年时间增加了7.1个百分点。至于中国，千石保写道，令人难以掩饰惊讶的是中国的数字。"玩派"着着实实接近半数，占49.8％，创世界最高纪录。①

"玩派"的全球性的存在和增长意味着这样一个严峻的事实，尽管人类追求幸福，但深知幸福奥秘者寥寥。同时一个巨大的危机在于：幸福与快乐的混同可能最终麻痹人类的价值感受性，从而最终埋葬一个与其他动物无本质区别的物种。幸福的最大病态是享乐主义。在这样的状态之下，幸福等同于俗福。

人们很容易地用享乐取代幸福的原因可能有两类：第一，人对物质需求的满足及其快感更带有生物本能的特质。婴儿就有满足的快乐和缺失的痛苦。所以误认快乐（物质性的）为幸福是一种自然的可能性。第二，幸福比快乐更需要人的努力。换言之，幸福追求比之即时快乐更难获取。

享乐主义的可怕不在于其对于社会的破坏性。对个体而言，享乐主义的最大危险在于，它像毒品一样败坏人的幸福感受能力。叔本华曾认为财富对幸福的影响巨大，如果人一味追求财富，心灵上会是一片空白。"结果是对任何其他事物的影响便麻木不仁。他们对理智的高度幸福既无能为力，就只有沉迷在声色犬马中，任意挥霍，求得片刻的感官享受。"②享乐主义者往往会对价值追求及幸福感受的存在持完全的怀疑态度，这样他们就会

①　［日］千石保：《中国的劳动伦理（续）——自日中青年工人意识调查》，丁谦译，载《当代青年研究》，1988(7)。

②　［德］叔本华：《人生的智慧》，7页，张尚德译，北京，工人出版社，1988。

永远失去与幸福联系的可能性。罗素曾在《走向幸福》中指出："种种不幸的根源，部分在于社会制度，部分在于个人心理。"个人的不幸"很大程度上由对世界的错误看法、错误伦理观、错误的生活习惯所引起，结果导致了对那些可能获得的事物的天然热情和追求欲望的丧失"①。对俗福的沉溺有可能降低或败坏人们对真正的幸福——雅福的领悟力和感受力。

幸福病态有不断加强的可能和趋势。在一个人的基本需要合理性得到大张旗鼓的承认甚至鼓吹的时代，在一个具有迄今为止最发达的文明条件（即具有享乐的最佳条件）的时代，享乐主义、个人主义正成为全球性的问题，也造成了危及人类生存本身的世界性危机。中国有一句谚语："没有吃不了的苦，却有享不了的福。"难道人类真的要"身在福中不知福"，从扼杀生命的意义开始扼杀人类自身吗？因此，重建人类的终极价值，重新找回人类生活的意义实质上就是重新找回人类自身追求和感受幸福的能力，已成为当今人类最大的事业，当然也是教育事业的最根本的主题。

由此观之，幸福能力首先是一种价值生活的能力。教师的幸福感受与追求的能力培养的基本要求应当至少有以下几个方面。

其一，教师要充分认识自己的职业意义，并将自己的生命意义与之联系起来。教师要了解自己的"天命"何在。换言之，没有对教育事业神圣性的体验的人，无法体味教师的幸福。

其二，教师必须有较高的德行水平和人生境界。我们知道，幸福能力的大敌是对生活的享乐主义或庸俗理解。一个没有较高精神追求的教师、一个缺乏起码道德水平的教育工作者，极有可能沉溺于感官生活，习惯于病态的幸福，从而失去对真正幸福的感受力和创造力。

其三，教师要有自己对教育活动的主体实践能力。道德主体的能力不仅包括正确价值观念的确立，而且包括将自己的价值理想付诸实践并取得

---

① ［英］罗素：《走向幸福》，5、7页，陈德民、罗汉译，上海，上海人民出版社，1988。

成效的能力。一个在自己的岗位上无法感受人的伟大，无法进行创造性劳动并无实际收获的教师无法体味教育劳动的乐趣，当然也就不会具有幸福的能力。教育活动主体具体的实践能力实际上就是我们要讨论的广义幸福能力。

(二)广义幸福能力的培养

幸福能力是指对幸福的感受力、创造力。如前所述，它首先需要教师具有良好的精神品位和德性。但是创造幸福的能力却不仅取决于精神品位和德性(也可叫师德)，而且要求创造或实现幸福的其他条件。这一条件当然也包括客观条件。比如战争时期，学校教育无法进行，教师的幸福无从谈起。不过我们这里主要着眼于教师的主观条件方面。除了以上谈到的主体创造和体味幸福的价值性条件之外，幸福的创造与感受所需的一般性条件我们称之为广义的幸福能力。幸福实际上是主体目的性实现的自由状态。因此幸福能力就是主体实现目的和自由所需的主观条件。

那么，要做一个幸福或实现教育幸福的教师，应当具有的广义的幸福能力或技术性能力还应当有哪些呢？以下列举三个主要的方面。

1. 教师应当具有良好的知识结构

这一知识结构主要包括本体性知识、背景性知识和条件性知识三类。本体性知识是指教师所教科目的学科专业知识。背景性知识实际上是教师应有的综合性的文化涵养。条件性知识是指教育学、心理学知识，包括对教学过程规律性的认识，对教育对象的了解等。在我国，随着教育事业的发展，教师的本体性知识已经渐渐不是最主要的问题。相关研究也表明，教师的本体性知识与学生的学习成绩之间不存在统计上的高相关。[①] 因此，制约教师成功的知识瓶颈主要是文化性(背景性)知识和条件性知识。我们知道，教育家的知识不同于科学家的知识的一个重要特征是一种重新组织起来易于为学生接受的知识。一些心理学家认为它应是"心理学化"的知识。我们认为，教师的知识不仅是"心理学化"了的学科知识，而且必须是"文化

---

① 林崇德：《教育的智慧——写给中小学教师》，38 页，北京，开明出版社，1999。

化""生活化"的知识。没有对学生及其学习机制的切实了解，没有民族和世界文化的整体支撑，不能将学术语言生活化，一个教师即便能够从事教育教学工作，他也是一个枯燥乏味、没有成效的教师。这样的教师"学生听其课味同嚼蜡，躲其课不以为害，评其课嗤之以鼻"①。失败的教师当然是不能收获教育幸福的。

2. 教师必须具有高超的教育能力

这里的教育能力是教育劳动的实践能力。韩进之教授认为包括教学能力，语言表达能力，教育观察能力，注意分配能力，思维的系统性、逻辑性和创造性，教育想象能力和教育机智。② 林崇德教授概括为"教师的自我监控能力"，包括对教育活动的计划安排，对这一活动的监察、评价、反馈，以及对教育过程的调节和校正能力。③ 林崇德教授还认为，"优秀教师＝教育过程＋反思"④。我们知道，教育活动是一种心心相印的主体性的交流活动。教育过程中充满变数。因此教育不仅是一个严谨的知识授受过程，而且是一个充满灵活性、创造性的艺术过程。没有包括自我监控能力在内的实际工作能力的教师就不会收获教育的成功，更不会体验教育的幸福。

3. 教师应当具有审美的素养

幸福能力从某种程度上讲就是一种对主体自由的审美能力。幸福感就是一种生活的美感。因此缺乏美感的人也一定缺乏幸福感。要收获教育幸福，教师既要有较高的精神境界，创造性的教育能力，也应当具有对教育活动过程以及教、学双方的审美能力。这一审美能力既是乐教、乐学的中介环节，也是进一步激发创造性的重要因素。教师应当自觉掌握教育的审美评价尺度，学会以审美的心态看教育、看学生、看自己。审美是发现幸福、创造幸福的重要法宝。这一点，正是作者不断呼吁建立教育活动第三标准的重要原因。

---

① 王均平：《大学师德建设的现状及改革对策》，载《高等教育研究》，1997(3)。
② 韩进之：《教育心理学纲要》，北京，人民教育出版社，1980。
③ 林崇德：《教育的智慧——写给中小学教师》，47页，北京，开明出版社，1999。
④ 同上书，50页。

幸福需要靠似乎与幸福无关的能力去获得，这是一个悖论。但是这正是幸福和幸福能力的辩证法。教师的幸福实现与否取决于作为教育主体的教师在多大程度上成为一个真正大写和全面发展的人。

思考题

1. 什么是幸福？幸福与人生的联系何在？
2. 幸福与快乐的区别何在？
3. 幸福与德行是什么关系？
4. 教师幸福或教育幸福的特点有哪些？
5. 广义和狭义的幸福能力各指什么内容？

专题三
教师公正论

其身正，不令而行；其身不正，虽令不从。

——《论语·子路》

幸福和公正是伦理学的两个基本概念；幸福原则和公正原则是伦理学的基本原则。"幸福原则表明的是一个人怎样做一个人，而公正原则表明一个人怎样对待一个人。"①人人都追求幸福。虽然幸福具有给予性，但幸福的创造需要一定的条件。一个追求幸福的人必须为自己创造幸福的条件，也给他人以同等的追求幸福的条件。这就需要引入公正原则。美国教育家、芝加哥大学教授艾德勒说："追求幸福是我们的第一职责；对人公正，对整个社区公正，是我们的第二和第三职责。"②

教育公正或教师公正③是教师伦理生活的重要原则。比如中国古代形成的"有教无类"的概念既是我们教育的传统，也是全部教育的本质要求。又比如古希腊苏格拉底的"产婆术"既是师生关系上公正的集中表现，又是所有成功教育的秘密所在。所以公正既是教师幸福的需要，也是教育事业的需要。不公正的教育是反教育甚至是反文化的。

第一节　什么是公正

公正是处理人际关系时的公平与正义的伦理原则。

在中文中，公正与正义是两个有区别的概念。公、正与私、偏相对。《新书·道术》说："兼覆无私谓之公，反公为私。"韩愈在《进学解》中也言："行患不能成，无患有司之不公。"正义则是公正的道理。《荀子·儒效》中说："不学问，无正义，以富利为隆，是俗人者也。"正义既然有公正的道理，所以就有所谓正义感的问题。公正具有某种客观性，而正义则具有较多的主观感情色彩。公正是一种客观道德法则；正义则是个体德性的标志之一。公正更多地具有社会或政治伦理的意味；正义则更具有个体道德修

---

① 赵汀阳：《论可能生活》，144 页，北京，生活·读书·新知三联书店，1994。

② ［美］艾德勒：《六大观念》，232－233 页，郇庆华、薛金译，北京，生活·读书·新知三联书店，1998。

③ 教育公正应是比教师公正更大的范畴，但我们这里在绝大多数情况下是作为同一范畴使用的。——作者注

养的意义。当然，公正和正义的联系也是不言而喻的。在英文中，这两个词都是"justice"，是正义、公平、公正和公道的意思。为了方便讨论，在本书中，我们将这两个概念视为基本相同的概念予以研究。

公正或正义一直是人类社会普遍的道德法则，是我们孜孜以求的价值生活目标，也是伦理学思想史一直不断探究的一个核心概念。公正是一个社会性、历史性的范畴，在阶级社会中还有阶级性。但是公正本身又有它统一的规定性。正是这一统一的规定性使公正成为千百年来人类社会孜孜以求的美好目标。那么什么是公正？如何理解公正范畴？这就必须对公正原则的特性、内容和类型有一个基本的了解。

一、公正的特性

公正必须具备的特性有以下三条：对等性，可互换性，最终价值判定的依赖性（有利于社会发展和个人幸福）。

何谓对等性？对等就是指主体对人对事要一视同仁，使用同一个规则或标准。以一个标准对别人而以另外一个标准对待自己，就叫偏私，当然就是不公正了。比如在古代社会，君主对自己的标准和他对臣民的标准就是不一样的，所以以现代人的眼光看，奴隶社会和封建社会的整个体制就是不公正的。这正是历史上的历次革命之所以发生的原因。由于公正具有对等性，所以人们往往容易将公正错误地理解为平均主义。

可互换性是对等性的要求和保证。要真正做到对人对己用一个标准，就必须能够让自己处在对方的位置时，仍然接受自己原先承认的法则。所谓"己所不欲，勿施于人"是也。否则，就只是自以为公正的伪"公正"。

对等性与可互换性的另外一个著名的阐释是美国伦理学家罗尔斯（John Rawls，1921—2002）的"无知之幕"。罗尔斯说，在确立公正原则时"我们必须以某种方法排除使人们陷入争论的各种偶然因素的影响，引导人们利用社会和自然环境以适于他们自己的利益。因而为达此目的，我假定各方是处在一种'无知之幕'的背后。他们不知道各种选择对象将如何影响他们自己的特殊情况，他们不得不仅仅在一般考虑的基础上对原则进行评价"①。这样，原始的契约状态的改变就可以使有关正义问题上的偶然性得以排除。另外一个有趣的例子是古希腊神话中正义女神的形象：手持天平，双眼被蒙住。这一形象设计所表达的对公正的客观性的理解与罗尔斯的"无知之幕"十分类似。

但是，双方都认可的对等、可以互换或客观性的标准并不能保证这一标准本身是正确或公正的。比如，合谋抢劫对合谋者而言都是对等而且可以互换的，但不能说明抢劫他人是公正的。又比如，美国电报电话公司（AT&T）在1971年曾经受到违反"反歧视法"的指控，被认为对少数民族和妇女雇员在报酬上有歧视现象，并为此付出了高达1500万美元的赔偿。但在20世纪60年代"反歧视法"在美国通过之前，AT&T就不可能面临这类指控。更进一步地说，在认为少数民族和妇女本来就应低人一等的价值标准之下，所谓公正只要做到对所有的少数民族和妇女一视同仁即可，而无须考虑他们与白人（男性）雇员报酬上的悬殊。

所以，罗尔斯同时指出公正原则应当是这样的："当原则体现在社会的基本结构中时，人们倾向于获得正义感。按照道德学习的原则，人们发展起一种按照它的原则行动的欲望。"②所以公正必须具有正向价值属性或价值合理性。

公正的标准本身不能自己说明自己存在的合理性。公正标准本身必须有公正之外的价值依据。这一根据有二，一是看它是否有利于社会的发展；二是看它是否有利于个体的幸福。当然，这两个根据本身又是统一的。由于幸福本身的价值性、利他性，又由于社会发展的终极目的仍然是个体的幸福，所以最终的依据应当看这一标准是否真正有利于主体幸福的实现。英国道德哲学家 D. D. 拉斐尔说："按照罗尔斯的看法，在想象境况下（即处于无知之幕中——引者注）的人会首先尽力求得最大限度的平等自由，然后第二他们会同意离开平等，以改善每个人，包括处于最不利条件的人的

---

① ［美］约翰·罗尔斯：《正义论》，131页，何怀宏等译，北京，中国社会科学出版社，1988。

② 同上书，132页。

生活。第二个原则的要点是，区分公正的不平等与不公正的不平等。如果给有才能的人特殊的奖励或特殊的机会不仅为这些少数人带来重大的好处，虽然引起不平等，而且其结果也改善整个社会普遍生活水准，包括最穷苦人的生活水准，那么这种不平等是可得到辩护的。""不是因为得到奖励的人理应得到这些奖励，而是因为这种奖励有利于整个社会，尤其是有利于它最贫困的成员。"①当然，罗尔斯的"无知之幕"是建立在个体自身利益计较的基础上的。拉斐尔本人则赞成另外一种我们也认为更为恰当的解释："这不是一个确定如果你发现你处于穷人中间（确实你也许会如此）就会对你提供帮助的问题。这是一个暂时忘掉你自己，考虑那些是穷人的人的问题。""它产生的道德判断是一个利他主义的判断，不是一个有利自我的保险政策。"②

所以一方面公正是一个普遍的道德法则；另一方面公正原则在最终价值判定上又有依赖性，它依赖于公正以外的东西。公正的这一属性既使我们认识公正与偏私的对立，也使我们能够正确理解为什么平均主义不是公正。也正是因为这一最终价值判定的依赖性，公正才是一个社会和历史的范畴。

二、公正的内涵

公正原则说到底是一种处理利益关系的原则。美国伦理学家、乔治敦大学教授汤姆·L. 彼彻姆说："一切正义理论共同承认下述最低原则：同样的情况应当同等地对待——或者使用平等的语言来说：平等的应当平等地对待，不平等的应当不平等地对待。这项基本原则通常称为'形式上的正义原则'。"③那么，公正原则应当包括哪些具体内容呢？我们认为，公正原则如做进一步的分解，可以理解为两条基本原则：报偿原则和承诺原则。

---

① ［英］D. D. 拉斐尔：《道德哲学》，92 页，邱仕宗译，辽宁教育出版社、牛津大学出版社，1998。

② 同上书，95 页。

③ ［美］汤姆·L. 彼彻姆：《哲学的伦理学》，330－331 页，雷克勤等译，北京，中国社会科学出版社，1990。

所谓报偿原则，即权利原则，意思是主体的贡献等于或者不小于(≥)应得的权益，类似于"按劳分配"原则——多劳多得，少劳少得，不劳动者不得食。对每一个有劳动能力的人来说，这样一个社会主义的分配原则是公正的。但是在市场经济条件下，我们对"劳动"概念要加以限定，就是，劳动必须是有效或创了价值的劳动。无效的劳动与有效的劳动获得同样的报偿，显然也是一种不公正。所以把"贡献"作为标准是比较合适的。

报偿原则的基本要求是贡献等于或不小于应得权益。这是因为贡献若小于权益，就意味着剥夺别人的劳动成果，当然是不公正的；而贡献若大于权益，就意味着被剥夺，当然也是一种不公正。当然如果主体的觉悟较高，愿意奉献自己的爱心，这是仁慈或慷慨的美德，当然无可非议、值得提倡，但这已超越了公正原则。所以，在权益分配上的公正应当是要求贡献等于或不小于应得的权益。

同理，报偿原则的消极方面就应当是恶有恶报，惩罚与恶行的程度相当。惩罚实际上就是对由于作恶所造成的不公正的一种补偿，是"重建平等"。亚里士多德将它称为与分配正义相并列的"补偿正义"[①]。

所谓承诺原则，也可以称为义务原则，它的内涵是权益应当小于或等于(≤)主体所承诺的义务。这是第一个原则的延伸，是一个与职业道德联系密切的原则。任何人都有自己的权利和义务。在自己的岗位上，若希望自己承担较小的义务却希望获得较大的权利，那么他就是希望无条件收获别人的劳动成果。同时如果承诺履行的义务可以小于权利，那么就整个社会而言，也不可能。所以只有当承诺并且践行的义务大于或等于自己收获的权利时，社会发展才能正常，人际关系才能理顺。否则就只能承认和导致不公正。

三、公正的类型

公正的内涵丰富，可以有不同的划分。

———————————

① 亚里士多德语，转引自［美］汤姆·L.彼彻姆：《哲学的伦理学》，334、332 页，雷克勤等译，北京，中国社会科学出版社，1990。

首先，从公正的性质上看，公正可以分为报偿性公正与惩罚性公正。报偿性公正如上所言，是公正的基本形式。但惩罚性公正同样是不可忽视的。因为如果惩罚不公，就不会有有效的服人心的震慑或调节的功效。而且，如果忽视惩罚性公正，该罚不罚，实际上也就是一种变相的分配上的不公。

现代社会极易形成对惩罚性公正的忽视。原因之一是，这种抽象的人道主义宣称所有的人都有某种永不消失的天赋人权，即使是丧尽天良、毫无人性者，也仍然如此（比如一些国家已经废除了死刑）。实际上这种抽象的人道主义恰恰忘记的一个自然的结果是对善良者的不公正。所以这种抽象的人道主义貌似公正，但实际上恰恰忘记了"平等仅仅是对平等者的平等，而不是对所有人的平等"①这样一条公正的基本原则。

其次，从公正涉及的主体关系上看，有三类公正："我—我"公正，即自重——自己对自己的公正；"我—你"公正，即人格对等的公正；"我—他"公正，即对规范的同等遵守的公正。

第一种公正主要反映的是"我—我"关系，它的基本要求是自重，这是一种自己对自己的公正。实际上如果一个对自己都不能做到公正的人，我们就很难指望他能对别人做到公正。对自己的公正的起码要求是努力和幸福。善待自己莫过于努力理解自己的价值所在并恰当地努力实现这一价值。自我价值实现的结果就是幸福的获得。在此我们再次找到了一个公正与幸福的内在联系。

第二种公正是一种人格对等的公正。"己所不欲，勿施于人。"它要求主体能够充分尊重对方的人格自由和尊严。我们不可以视自己为追求幸福有血有肉的主体，而视他人为自己一个纯粹的外物。实际上幸福生活只有在人际和谐的环境中才可能找到，如果我们试图在一个充满敌意、孤独和冷漠的人际环境中寻找幸福，我们就只能缘木求鱼。正是这一原因，公正原则往往需要仁慈原则来补充。

第三种公正是一种狭义的公正。他人是一个与自己完全对等的客体。

---

① 亚里士多德语，转引自[美]汤姆·L.彼彻姆：《哲学的伦理学》，332页，雷克勤等译，北京，中国社会科学出版社，1990。

所以在涉及利益关系时，双方都有对等的权利。为了保证各自的利益，双方都需要作出对等的让步；同时双方都应遵守相同的准则和义务。这是一个涉及社会合作方面的伦理原则。为了保证合作成功，也为了各自在合作中顺利实现共同利益，对规范的同等遵守的公正十分必要。当然，这一遵守是客观的、"冷冰冰"的。

公正就其对人际关系的调整来看，是十分重要的。人际关系调整得当，人们就会和睦相处，产生积极、健康的心情；相反，就会造成极大的敌意、孤独和冷漠。但是上述三种公正类型往往只涉及了道德主体一个方面。这在某种意义上说有不全面的问题。

艾德勒依据公正存在或表现的领域将公正的类型概括为个人与社会两个方面。"正义有两大领域。一个是关于个人与他人，以及个人与有组织的社区（即国家）之间的正义。另一个领域则是关于国家与构成国家人口的人之间的正义。"[1]第一个方面包括：不要侵犯他人的权利，不妨碍或挫伤他人对幸福的追求；在分配和交易上，要平等待人；我们的一切行动有利于社区的公共利益或福利。第二个方面的公正或正义则包括社会政府或制度形式方面的正义、社会经济安排的正义以及社会法制的正义等。[2]

艾德勒的公正类型实际上也可以分别称之为个人性公正（投射性公正）和制度化的公正（返身性公正）。前者属于德性化公正，后者属于制度化公正。在教师的公正中也明显地存在这两大类型。公正既要求教师能够正确地履行公正原则，处理好教育劳动中的人际关系，同时也要求建立一种公正原则的教育制度。既建立"教师的公正"，也建立"对教师的公正"。

第二节　教师的公正

教师的公正是指教师在自己的教育活动中对待不同利益关系所表现出

---

①　[美]艾德勒：《六大观念》，224 页，郜庆华译，北京，生活·读书·新知三联书店，1998。

②　同上书，224—233 页。

来的公平和正义。它表现在教师与自身、教师与同侪、教师与学生等人际关系之中。教师公正是教育公正的核心内容，而教育公正包含更多的教育制度内涵。教师公正或教育公正是一个至关重要的职业道德范畴。

一、教师公正或教育公正的必要性

(一)有利于良好的教育环境的形成

教师能够对人对己做到公正是十分必要的。因为公正处理家长和社会有关方面的关系，就会有利于形成较好的学校教育的外部环境；公正地对待同事、领导，则有利于协调不同的教育职能，形成教育集体的良好心理氛围，从而形成教书育人的学校教育的内部环境；公正地对待学生是教师公正的重点，这一种教师公正则有利于直接的教育、教学环境的形成。比如在实际教育活动中，我们常常看到，由于教师对优秀学生的偏爱和对所谓"差生"或后进生的忽视或其他不公正的对待，"差生"或后进生出于一种反抗心理，往往会强化其"捣乱"的倾向。其结果当然是教育教学秩序的混乱，最终不利于教育活动的顺利开展。

(二)有利于教师威信的提高

公正是人格的脊梁。孔子说："其身正，不令而行；其身不正，虽令不从。"[①]这句话虽然是对从政者说的，但对教师同样适用。教师既是教育者，同时也是教育活动的设计和管理者。如果教师的行为是不公正的，除了同行、领导的舆论、谴责和制度的制约之外，最主要的就是影响教师的威信。上海师范大学曾有一次对 4500 名学生的调查，结果有 84％的学生认为"公正"是"教师工作重要的职业品质"；92％的学生认为，"偏私和不公正"是"最不能原谅的教师品质缺陷"。[②] 由于学生对教师公正品质的期望很高，教师公正与否，当然影响他在学生心目中的形象。一个没有威信或威信不高的教师注定要成为一个成就不高的教师。

---

① 《论语·子路》。

② 王正平：《教育伦理学》，168 页，上海，上海人民出版社，1988。

(三)有利于学生学习积极性的发挥

教师公正对学生的学习积极性发挥十分重要。这一重要性体现在两个方面，一个是对学生个体，另一个是对学生集体。对个体而言，教师公正是学生学习积极性的源泉之一。比如，教师对优等生的偏爱和对后进生的忽视或其他不公正的对待，既不利于优等生又不利于后进生的积极性的发挥。对前者的偏爱会助长其骄傲和浮躁的情绪，丧失其不断进步的动力；对后者的忽视当然更会损伤学生的自尊，打击其本来就可能不高的学习积极性。对于学生集体来说，不公正的教师行为会人为地造成学生集体的分裂。其结果当然是集体生活和集体建设的动力减退、集体对学生个体在德育和智育诸方面的教育性降低。

(四)有利于学生的道德成长

由于公正本身就是道德教育的重要内涵，所以教师公正本身直接构成德育的内容。教师要让学生选择公正的生活准则，他自己就必须首先做到为人处世的公正无私。同时在学生的心目中，教师往往是公正、无私、善良、正义的代表，对教师有非常美好的期待。这一美好的期待决定着当教师在与他们的交往中做到公正办事时，他们就会感觉到公正的美好和必要，从而奠定他们在未来社会生活中努力追求道德公正的心理基础。反之，当他们原本有着美好期待的教师不能公正无私时，不仅会伤害他们对于教师的美好的期待，而且会让他们怀疑显性道德教育课程所教授的公正本身的合理性，从而妨碍他们的道德成长。正如夸美纽斯所说："除了智者，任何人都不能使别人成为有智慧的人；除了能言善辩者外，任何人都不能使别人成为能言善辩者；除了道德的笃敬宗教者外，任何人都不能使别人成为有道德的和笃敬宗教的人。"[①]所以我们也完全可以说，除了践行公正者，任何人都不能使别人成为公正的人。

(五)有利于社会公正的实现

首先，教师的公正是社会公正的重要组成部分。教育公正直接从属于

---

① 转引自王球、钱广荣：《教师伦理学》，21 页，南京，江苏教育出版社，1991。

社会公正。比如在招生、评价等问题上，能否公正对待一切对象就是一个直接的宏观的社会公正问题。有些公正形态虽然属于微观的问题，但也是社会公正的一部分。比如，课堂上的公正，虽然涉及的不过几十个人，但它一样属于社会公正的组成部分。如果考虑到几十个学生可能联系到的人群，则这一公正涉及的面会更为广阔。其次，根据杜威的观点，学校是社会的雏形，因此教育公正是社会公正的起点。如果学生在学校生活中不能感受应有的公正存在，那么学生将很难建立起公正的信念，最终会不利于社会公正的实现。所以教师能否实践公正关系到一个社会的公正及其实现程度。

二、教师公正的特点

(一)教师公正的教育性

教师公正的特点首先是与教师的职业特征联系在一起的。教师公正的首要特点就是其教育性。这里的教育性主要有两条：一是教师的公正行为的教育示范性，二是教师的公正调整的人际关系主要是师生关系或以师生关系为基础，体现在自己的教育活动之中。教师劳动的特点之一是教育主体与教育手段的同一性。教师如果不能在自己的周围建立起公正的人际关系，尤其是在师生关系中缺乏公正的内容，就是在行不公正的身教。由于师生关系和教师职业的上述特殊性，教师的不公正往往是最不能饶恕的。

(二)教师公正的实质性

教师公正的实质性是说教师公正具有相当大的灵活性，着眼于实际或实质意义上的公正而不完全拘泥于形式上的公正。这一点实际上也可以算作教师公正的教育性的一部分。比如同样都给了五分，对于一些通过努力已经进步到接近五分水平的同学来说，一方面，由于他实际上还没有做到100%或与最好的同学一样好，给他五分似乎不公正；另一方面，正是这样的五分使他看到了学习的进步和希望，实质上教师在这里并非对他实行了不公正的对待。又比如，对于同一种错误的批评，有时候教师对优等生的批评甚至会比对后进生的批评还要严厉。这是因为在一定条件下，后进生更需要对其自尊的爱护和策略性的批评，而优等生则更需要使之猛醒的棒喝。这里形式上的不公正实质上却是公正的。因为实际上教师对这两类学生的爱是完全相同的，不同的仅仅是教师根据其对学生的了解和教育规律所采取的具体措施的差异。

(三)教师公正主体的自觉性

教师是一种对自己的工作有较高职业意识的社会角色。这一方面是因为教育活动本身是一种具有目的性的活动，另一方面是因为现代社会所有的教师都是经过职业上的专门训练的。教育活动自觉性的重要标志是教师对自己职业道德及其重要性的了解。学校、教室等教育情境也常常会有道德上的文化暗示。所以与其他职业相比，教师在进入岗位之前和之后，都会有较高的职业道德的自觉意识和修养的动力。教师的职业道德自觉意识的内涵中当然也包括教师对教育公正原则的自觉意识。

除了教育主体的自觉性之外，教育公正的自觉还表现在教育事业本身的正向价值属性。教育总是要教人从善。从善本身为教育公正所需要满足的价值依赖性提供了先天的优越性。换言之，符合教育的根本目标的举动本身具有公正或正义的特质；公正是教育本有、应有的内涵。所以教育公正还有一种职业的自觉性。

三、教师公正的内容

教师公正既表现为教师对自己的公正，也表现在公正对待同事、领导及学生家长等方面，更表现在正确对待教育对象上。我们可以分别称之为：教师的返身性公正、同侪性公正、对象性公正。教师公正的核心是对学生的公正，重点则是对自己、对同事和对学生的公正。以下谈谈这三类教师公正的重点。

亚里士多德曾经将公正视为一种人际关系的"中度"。孔子和孟子也提出了"中庸"的理论。教师公正实际上就是要在以师生关系为基础的人际关系处理上实现某种折中。教师应当对得起自己，所以必须有一种对自己的公正。它包括对教师自尊、荣誉以及合理的经济利益等合法权益的要求和维护。教师对自己的公正不仅是"我—我"关系，而且涉及教师与社会的关系。在中国社会中，也许是人们对教师的职业期望较高：一方面，社会在舆论上普遍赞同提高教师的地位和待遇；另一方面，人们包括教师本身往往又认为教师应当羞于言利，只做蜡烛，只问耕耘。要求教师做苦行僧无论是对社会还是对教师本身，都是一种不公正，因此从伦理学的角度看这一心态应当予以纠正。

在自尊、荣誉以及其他利益的处理上，教师的同侪关系也必须保持适当的"度"，这是一种同侪公正。许多教师对于自己的领导往往做不到公正对待，要么恭敬有余，唯上主义，要么恃才傲物、目空一切。而实际上教师同他的领导之间除了管理关系之外，人格上是完全对等的。这一对等性决定着前两种态度都是不公正的。所以教师在与领导的关系处理上最关键的是要在工作上服从分工、相互配合，在人格上相互理解、彼此尊重。教师与自己同事的关系是一种真正意义上的"同志"关系。在处理同其他教师的关系上，主要是要公正地评价自己和他人的工作，并在此基础上做到相互配合，共同完成教育的使命。教师之间常常出现的"文人相轻"现象，从根子上看，往往出自教师在同侪关系上的不公正。

教师对学生的公正的主要含义是在教育活动中对学生持民主与尊重的态度；对不同性别、年龄、出身、智力、个性、相貌以及关系密切程度不同的学生能够做到一视同仁、同等对待，不以个人的私利和好恶作标准。我们可以将这一教育公正称之为对象性公正。教师应当明白，教师对社会、对家长、对同侪等公正关系的重要性：一是因为公正的示范性；二是因为这些关系可以为正确和公正对待学生创造条件。如果对待教育对象做不到公正，其他的公正努力就没有意义。概括地说，教师对学生的对象性公正最主要的是要做到：第一，平等地对待学生；第二，爱无差等，一视同仁；第三，实事求是，赏罚分明；第四，长善救失，因材施教；第五，面向全体，点面结合。

平等地对待自己的学生实际上也就是教育学所常说的要树立正确的师生观问题。从伦理学的角度看，教师要公正地对待学生，首先是要真正尊重和信赖学生。

为了尊重和保护儿童的权利,1959 年第 14 届联合国大会曾经通过了联合国历史上第一个关于保护儿童权利的国际性条约——《儿童权利宣言》。1989 年联合国大会进一步通过了《儿童权利公约》。《儿童权利公约》的基本精神是强调儿童不仅仅是被保护的对象,还是积极和创造性的"权利主体",拥有"包括生存、发展和充分参与社会、文化、教育生活以及他们个人成长与福利所必需的其他活动的权利"。联合国儿童权利委员会副主席汉姆柏格在解释《儿童权利公约》的基本精神时曾经这样说过:过去人们关心儿童的基点是使脆弱的儿童免受伤害,人们还没有普遍认识到儿童有自己的能力、观点和想法,应该像所有的人一样受到尊重。汉姆柏格还对《儿童权利公约》基本精神的四个原则做了具体说明:第一,儿童最佳利益原则——任何涉及儿童的事情均以儿童利益为重;第二,尊重儿童尊严的原则——其意义不仅局限于不被杀害或伤害,而且是指向儿童生存和发展的质量;第三,尊重儿童的观点和意见的原则——任何涉及儿童的事情,必须认真听取儿童的意见;第四,无歧视原则——所有儿童都应当受到平等的对待,不应受到任何歧视或忽视。① 因此,将儿童视为平等的人格主体予以尊重是当今世界的普遍性要求之一。教师应当认识到,学生也是一个有独立人格的个体。教与学的关系既是一种制度性的授受关系,也是一种人格上完全平等的人际关系。

在我国的传统中,教师往往习惯于把自己置于"绝对权威"的地位,往往认为自己当然在人格上高于学生,漠视学生独立存在的主体性。这样当教师教导学生应当公正处世时,学生极有可能报之以一种不以为然的态度。因为在他与教师的交往中,体会不到应有的尊重或人际公正。所以,古代社会产生的"师道尊严"的观念是有违师德,尤其是有违现代教育伦理的基本要求的。当然,人格上的平等并不意味着角色上的对等。教师与学生之间的关系还应有对学生的教养与要求的一面。为了这一点,教师威信、威望的存在又是非

---

① 参见韦禾:《儿童的权利——一个世界性的新课题——中国履行〈儿童权利公约〉研讨会综述》,载《教育研究》,1996(8)。

常必要的。否认这一点就是否认教师职业的特质。所以教育公正的重要内涵之一是教师要努力做到对学生的尊重与要求的统一。

所谓爱无差等，一视同仁，指的主要是教师不能以自己的私利和好恶作标准处理师生关系，应当给所有学生提供平等的学习机会。一个最为常见的现象是，教师往往出于虚荣或其他利害关系有意无意偏爱一些学业成绩好的学生，而相对歧视或忽视一些成绩差的学生。有意的不公正当然属于明显的师德缺陷，无意的不公正也是应当注意防范的。实际上正是因为后者的成绩差才更需要教师的关怀和帮助。正如俄罗斯的一句谚语所说的，"漂亮的孩子人人喜欢，而爱难看的小孩才是真正的爱"。

所谓实事求是，赏罚分明，就是要做到"尊重和要求的统一"。这一方面要根据学生的实际因材施教，另一方面在制度上又不能允许有特殊学生存在。赏罚本身往往是次要的，学生在意的主要是赏罚所体现出的教师对他们的评价。现代教育的一大难题是如何认识惩罚的教育性。许多人抽象地反对惩罚，尤其是"体罚"，理由是损害学生身心健康。但惩罚在何种情况下是损害学生的身心健康的，什么是体罚和一般惩罚的界限一直是人们争论的话题。实际上除了较为严重的损害有悖于教育活动的性质和范围之外，一定情况下对学生的惩罚与奖励一样，是有利于他们的成长而不是相反的。问题的关键在于处罚的程度和性质。

在马卡连科的学生"公社"里，只有社员才能接受诸如禁闭①这样的惩罚。一般学生在他们未成长为"社员"之前，反而没有接受惩罚的"资格"。所以，当社员违背了某项纪律而走进禁闭教室时他的自尊不光没有受损，相反，他反而觉得自己作为光荣的公社集体的一员居然违背了纪律，太不应该。其自尊、内疚和觉悟是成正比的。在这里，我们可以看到，公正是这一成功的惩罚模式的要素之一。因为所有人只有当他进步到一定水平时，他才具有社员的资格；而一旦当他具有这一资格之后，他就有义务维护公社的荣誉、承担相应的责任。所以问题的关键之一是惩罚本身是否合理。

---

① 禁闭是马卡连科在特殊时期和特殊情况下使用的教育手段，不可随意套用。——作者注

而公正是合理的要素之一。

长善救失、因材施教是教师公正或教育公正的另一方面。如前所述，教师公正具有实质性。在对学生的爱护、帮助、评价和奖惩上应当一视同仁。但是一视同仁不能理解为一种刻板机械的公正形式。在落实一视同仁、爱无差等原则时要考虑到学生在个性、知识水平和智力程度等方面的差异，因材施"爱"、因材施"罚"。否则那种貌似的公正实际上却是不公正的。因为公正的原则既是"平等的应当平等地对待"，也是"不平等的应当不平等地对待"。

有一个非常典型的长善救失、因材施教的教育故事很能说明问题。两个后进生在宿舍里为了争夺一把吉他而扭打起来，最后去找教师评理。出乎意料的是老师听罢不仅没有批评他们，而且表扬了他们有进步，理由是："第一，你们为了吉他而打架，比上次为抢帽子而打架要好多了。因为想弹吉他是好事。第二，动手打人不对，但没有上次厉害。第三，最重要的是，你们想到了解决问题的新的方式——找老师，而不是像以前那样非打出一个输赢不可。"接着教师提出了让他们凭借自己的智慧理智、友好地解决类似问题的要求。最后，两个同学手拉着手离开了教师。打架反而受表扬，表面上似乎不公正，但对于这两个学生来说，这也许是真正的教育公正。

所谓面向全体，点面结合，是指教师如何在个别教学和集体教育中做到教育公正。这也是一个教育机会均等的问题。为了某些后进生的进步，适当对个别的关照是必要的；给一些特别聪慧的优等生创造提高的条件，如适度的"开小灶"的做法也是公正的。这是因为只有因人制宜才不至于耽误每一个学生的发展，这是一种爱无差等的实质上的公正。但是超越限度，置大多数学生于不顾的某些所谓"抓重点"的做法，包括过分强调重点校、重点班、重点苗子的做法是有违教育公正的。因为在只抓重点的做法中，太多的学生受到忽视，失去了平等的受教育机会。所以特长校、特长班、特长学生是正确的，而重点校、重点班、重点苗子的做法虽然在一定条件下有其合理性，但长远地看却往往是要逐步予以矫正的。正确的做法是以全体学生的发展为基础为目标的因材施教、点面结合。

除了对自己的公正、对同侪的公正、对学生的公正之外，对家长的公正、对社会的公正也是教师公正的应有之义。在中国，教师往往将对待学生的教养关系自动迁移到对家长和一般社会人事上，造成不良后果。例如，许多学校的家长会不是教师与家长的正常沟通渠道，而变成了教师对家长的训斥会。又如，教师以其较为正统的价值观念要求社会上的所有人和事，将对社会的不一定正确的负面评价带到自己的教育活动中，造成对学生的误导，等等。当然，教师对家长的公正、对社会的公正其实是教师对象性公正的延伸。如果我们对学生的公正能够真正理解和施行，那么对家长的公正、对社会的公正也就比较容易实现。

以上我们谈教师公正主要是从教师个人出发的。如前所述，教育公正不仅包括教师公正，而且包括教育的制度性公正。实际上教师人际关系的调整，一方面是个人行为，另一方面又是制度性的。制度性公正不仅表现为教师角色本身具有制度的代表的性质，而且表现为必须建立教师对他人、社会，以及他人、社会对教师的公正制度。即教育公正既包括教师对他者的公正（"教师公正"），也包括他者对教师的公正（"对教师的公正"）。教师除了要从修养上注意践行公正原则之外，还有义务为学校、社会制度中确立制度化的教育公正，以及"对教师的公正"倾注自己的全部力量。

四、如何做到教育公正

教师公正或教育公正在一定意义上讲只是一个十分抽象的道德原则，怎样才能做到教育公正是一个既关系到教师，也关系到教育体制的课题；一个既关系到教师的道德素养，也关系到他的教育素养和技能等方面问题的复杂课题。我们这里主要是从教师的修养角度看这一问题的。从这一角度看，要真正践行教育公正或教师公正是很不容易的。比如，教师的公正就在主观上受到自己情绪的好坏，客观上受到问题的情境性等因素的影响。要做到教育公正实属不易。教师在实践教育公正目标上应当注意以下几个方面。

(一)自觉进行人生修养

自觉进行人生修养首先是由公正的价值依赖性决定的。就是说如果没有价值观上的必要修养，理解和实践公正一开始就是不可能的。教育公正更是如此。没有价值自觉，就没有教育公正。

教育公正对于教师而言，就是一个适当地对人对己的问题。对人对己的公正要求教师首先要有宽阔的胸怀和高度的使命感，同时还必须有一定的自制力和抵制压力坚持公正的勇气。公正看起来是一个很容易实现的道德原则。但实际上没有对教育意义深刻领悟或使命感，没有无私奉献的情怀，不具有较高人生境界者很难完全实现公正原则。公正的含义之中，"公平"与"正直"是有一些细微差别的。前者指对人对己都应当一碗水端平，而后者则是指一个人疾恶如仇、刚正不阿的品质。一个自私或有偏见的教师很难做到教育公正。一个明哲保身、不能坚持真理的教师也难做到真正的教育公正。要实现教育公正，首先要求教师成为一个公正的人。所以教师的道德和心性修养十分重要。

教师进行人格修养的核心是形成教育活动中所必需的正义感。这一正义感既是教育活动进行的基础，也是教师克服困难、同不良职业道德进行斗争的动力。

(二)提高教育素养

教育公正的实现不能仅仅是一种心理的东西，而是要在教育实践中落实的实践的法则。比如形式上的教育公正和实质上的教育公正的矛盾的解决，就不仅仅是一个道德原则的选择问题，它实际上主要是这一原则实现方式的寻找的问题。所以，教师公正的实现，需要教师有较高的教育技能上的素养。

有一个处理作弊的例子说明了公正需要教育技巧。一位教师在监考时发现一个学生抄袭了一道 1 分的题目。事后，老师在这个学生的试卷上打分为："100－1"。这名学生接到试卷后非常惭愧，立即找到老师，承认错误，要求老师将 100 分改回 99 分。老师听后，在他的试卷上批了一个"99＋1"，并对他说：知错就改就行，以后要特别注意，这 1 分是对你能认识和改正错误的奖励……在这一例子中，教师的公正得以真正的落实是与他有高超的教育技能这一教育素养分不开的。所以教育公正从某种意义上说，就是对一般教育原则的另外一种论证与说明。

此外，教师公正的落实在许多方面都与教育管理的素养联系在一起。我们说过，教师公正具有制度化的性质。所以教师还应努力在教育教学管理上加强修养，努力在自己的周围创造一个良好的公正气氛，同时努力实践真正的公正。

(三)正确对待惩罚的公正

如前所述，正确对待惩罚的公正十分重要，是因为惩罚在一定条件下是有教育意义的。惩戒权一直是教师的职业权力和工具。现代社会由于人道主义倾向的不断强化，也由于儿童权利保护的立法努力的加强，行使惩戒权已经越来越困难。教师应当抵制无条件否定惩戒的教育意义的倾向。当然毋庸讳言，惩罚的确是一种消极的教育措施。除了要注意努力做到公正惩罚以外，我们还必须尽量控制使用惩罚的方式。如何控制惩罚的量本身也涉及教师的教育公正原则。滥用惩罚同样是不公正的表现。所以惩罚的度如何把握、惩罚的公正怎样落实都是教师要努力探索的课题。

惩罚的公正也许还意味着教师应当具有疾恶如仇的品质。社会公正需要每一个人的努力才能真正实现。刚正不阿是教师应有的品质。教师不仅要敢于同职业范围内的道德弊病进行斗争，而且应当具有对社会丑恶进行批评、斗争的勇气和策略。好人主义是不公正的温床。教师应当与之划清界限，成为社会的良心、社会的"清流"。

(四)做到公正与仁慈的结合

公正本身是一个社会性和历史性的范畴。公正并不能解决教育中的全部问题。比如再公正的惩罚仍然是会对学生造成身心上的伤害的措施，所以就必须有相应的补救措施。又比如，学习生活中始终存在竞争。教师的任务是创造公平竞争的机会，但是我们知道，只要是真正意义上的竞争，优胜者就只能是少数。那么，对那些在竞争中落败的学生怎么办？所以教师的公正必须与教师的仁慈相结合。这样教师既可以增强教育公正的教育效能，也可以同时教会学生做一个既公正又仁慈的人。

教育公正是一个历史的范畴。在古代社会或带有较浓厚的等级、专制痕迹的社会中，人格上的不平等使教师的"有教无类"之类的教育公正往往成为一句空话。现代社会是一个以民主、平等为特征的社会。在今天，教育公正既是社会公正的一部分，同时社会公正也为实现教育公正创造了良好的社会条件。教育工作者应当通过自己的努力不断促进教育公正的实现。

思考题

1. 什么是公正？公正原则的具体内容是什么？

2. 公正有哪些类型？

3. 教育公正的意义有哪些？

4. 教师公正的特点有哪些？

5. 教师应当如何实现教育公正？

6. 为什么说教师的公正从某种意义上说，就是对一般教育原则的另外一种论证与说明？

专题四
教师仁慈论

如果道德哲学关心人们生活的幸福，我们就有理由期望关怀在道德理论中拥有重要的意义。

——［美］特朗托

仁慈①是一个与公正联系密切的概念。一方面，公正的基础之一应当是仁慈，因为去掉我们对他人的爱与尊重，我们就不可能做到真正意义上的公正；另一方面，公正的结果往往会造成一种价值的遗憾，这一遗憾也需要有一个补充的机制存在。所以正如美国伦理学家威廉·弗兰克纳（W. K. Frankena）所说过的："正义只是道德的一部分，而不是它的全部。那么仁慈可能属于道德的另一部分，我认为这才是公正的说法。""即使人们认为仁慈不是道德的要求，而是某种非本质的、道德上的善的东西，人们仍然把仁慈看作是道德的一个重要方面——如果不是必要的，也是令人向往的。"②

仁慈是教育活动的本性和本质性要求之一，没有仁慈的教育将是一种缺乏关怀，甚至是机械、冷漠和无效的教育。因此，教师的仁慈与教师的公正一样成为教育伦理的最核心的道德范畴之一。

第一节　什么是仁慈

一、仁慈概念

"仁慈"（benevolence）在中国是儒家的"三达德"（智、仁、勇）之一；在西方也被基督教认为是"神学三德"（信、望、爱或信仰、希望和仁慈）之一。

"仁慈"一词在中文中就是仁爱与慈善的意思，类似于古代儒家伦理中"仁"的范畴。在《论语》中记载着许多孔子关于仁的解释。"樊迟问仁，子曰'爱人'。"③这是关于仁的一个总括性的表述。具体说来就是"己所不欲，勿

---

① 在伦理学上"仁慈"与"仁爱"等概念相似，这里选择仁慈概念的理由与弗兰克纳的观点相同："我把它称作仁慈原则，而不是仁爱原则，其理由是：这条原则要求我们在实际上行善避恶，而不仅仅是希望或准备行善避恶。"见［美］威廉·弗兰克纳：《伦理学》，94 页，北京，生活·读书·新知三联书店，1987。——作者注

② ［美］威廉·弗兰克纳：《伦理学》，96、98 页，北京，生活·读书·新知三联书店，1987。

③ 《论语·颜渊》。

施于人"①，"己欲立而立人，己欲达而达人"②。仁的概念首先具有血亲之爱的特征。孔子说："孝弟也者，其为仁之本与？"③孔子曾经批评宰我说："予之不仁也，子生三年，然后免于父母之怀。夫三年之丧，天下之通丧也。予也有三年之爱于其父母乎！"④但是孔子的"仁"更具有由近及远的特性。孔子认为"四海之内皆兄弟也"⑤。所以他主张"能行五者于天下，为仁矣"，而五者是：恭、宽、信、敏、惠。⑥ 所以，仁在孔子的论述中是一种泽被天下的全面的德性（perfect virtue），而这一德性显然又是以"爱人"为中心的。

孟子是另外一位对仁作出过充分解释的先秦思想家。孟子的"仁"主要指人心，尤其指"恻隐之心"。孟子主张"仁者以其所爱及其所不爱"⑦，"老吾老以及人之老，幼吾幼以及人之幼"⑧。孟子还说："仁，人之安宅也。义，人之正路也。旷安宅而弗居，舍正路而不由，哀哉！"⑨汉代思想家董仲舒进一步发挥孟子的思想说："以仁安人，以义正我……仁之法在爱人，不在爱我；义之法在正我，不在正人。"⑩同时董仲舒的一个重要思想是："仁而不智，则爱而不别也；智而不仁，则知而不为也。"所以《中庸》提倡的智、仁、勇三达德中"莫急于智"⑪。

中国古代的许多思想家都对"仁"的内涵作出过卓越的解释。我们认为，这些解释的相同点主要有两点：一是应当爱人，同情、关怀和帮助人；二是对人的爱心应当有一定的理性、规范和策略。这为我们正确理解教师的

---

① 《论语·颜渊》。
② 《论语·雍也》。
③ 《论语·学而》。
④ 《论语·阳货》。
⑤ 《论语·颜渊》。
⑥ 《论语·阳货》。
⑦ 《孟子·尽心下》。
⑧ 《孟子·梁惠王上》。
⑨ 《孟子·离娄上》。
⑩ 《春秋繁露·仁义法》。
⑪ 《春秋繁露·必仁且智》。

仁慈提供了非常好的思路。

在西方学者看来，仁慈首先具有的特质之一也是所谓的理性。德国著名伦理学家包尔生说，仁慈是"社会德性的总的形式"。"可以把仁慈规定为有助于阻止纷扰和创造有利的生活条件并以此来提高周围人们幸福的意志习惯和行为方式。"他还特别指出："同情是积极的社会德性的基础，但它绝不是德性本身……像生命冲动的任何方面一样，它必须接受理性的教育和训导；在理性的意志中，它既实现自己，又限制自己——就其达到了推动人类幸福的目的而言它实现着自己，就其需要防止有害的结果而言它必须限制自己。"①

此外，仁慈还是一种有别于公正原则的德性原则。英国伦理学家 D. D. 拉斐尔在谈到慈善概念时曾经这样说："慈善是一个恩惠或惠赐的问题。一个有良心的人会感觉到他具有成为慈善家的责任；如果他认为他自己仅仅是在恩赐，他会玷污作为美德的慈善的光辉。""作为一种责任，慈善是'超过要求的责任'，它超越了'完善义务'的责任要求于我们做的事情、公正要求我们做的事情。"②换言之，公正只要求我们做保证彼此权益受到公平对待的事；但仁慈则要求超越这一标准，做得更多，它要求我们尽力从对方的立场出发，表达和实现对对方的关怀和爱心。所以，仁慈是一种在某种意义上超越了公正，给予性更强的德性原则。

具有超越性的仁慈原则具有两个方面的内涵。其积极方面是要求道德主体比公正做得更多，给他人更多的爱心；其消极维度则是要求道德主体对人有更多的"宽恕"（实际上，孔子的仁的概念也含有忠、恕两种内涵）。法国学者安德列·孔特-斯蓬维尔干脆就认为："仁慈就是宽恕的美德——或者不如说得更确切一点，是宽恕的真实。"他还认为："只有恶人才属于宽恕的范围。""宽恕即接受，当然不是为了停止斗争，而是为了停

①　[德]弗里德里希·包尔生：《伦理学体系》，514、515 页，何怀宏、廖申白译，北京，中国社会科学出版社，1988。

②　[英]D. D. 拉斐尔：《道德哲学》，95 页，邱仁宗译，辽宁教育出版社、牛津大学出版社，1998。

止仇恨。"对恶人来说"仇恨将会伤害他自己，如果可能的话，只要平静地、泰然地、喜悦地和他斗争或抵抗他就行了，如果不能就宽恕他。是的，问题在于在不能克服他身上的仇恨时，至少要克服自己身上的仇恨，在不能控制他的时候至少要自制，至少要战胜恶，战胜仇恨，不使它们增加，不在受害的同时成为同谋者"。而"爱是一种喜悦，不是无能为力或放弃；爱他的敌人，并不是不再反对他们，而是愉快地和他们斗争"。①

如果我们总结一下中西方伦理学家们关于仁慈的界定，也许我们可以概括出仁慈的这样几个内涵上的特性——伦理上的仁慈具有爱心的特质（情感性）、理性的特质（理智性）和超越公正义务的爱和宽恕的特性（超越性）。概言之，我们认为：仁慈就是具有高度理智性和超越性的爱心与宽恕的伦理精神和道德原则。

二、为什么需要仁慈原则

（一）仁慈是伦理的基本原则

仁慈原则之所以必要，首先是因为仁慈是伦理的或者人的生命及其质量的不可或缺的基本原则。之所以说它是伦理的基本原则，主要理由至少有以下两点。

1. 施韦泽的理论：生命神圣与易受伤害

法国哲学家阿尔贝特·施韦泽（Albert Schweizer，1875—1965）是当代最著名的思想家之一。他的伦理思想的基本点是认为所有的生命都是神圣的，"善的本质是：保持生命，促进生命，使生命达到其最高度的发展。恶的本质是：毁灭生命，损害生命，阻碍生命的发展"。所以"我的生命意志的神秘在于，我感到有必要，满怀同情地对待生存于我之外的生命的所有生命意志"。"只有敬畏生命的伦理才是最完备的。"②除了生命神圣的理由

---

① ［法］安德列·孔特-斯蓬维尔：《小爱大德》，123、128、129、137 页，赵克非译，北京，作家出版社，2013。

② ［法］阿尔贝特·施韦泽：《敬畏生命：五十年来的基本论述》，91—92 页，上海，上海人民出版社，2017。

之外，施韦泽的另外一个重要思想是生命是容易受到伤害的，尤其是现代社会。他说："对于我们这代人来说……我们的非人道比前人的非人道更危险，由于拥有核武器，毁灭生命的可能性和诱惑力对我们已经发展到不可估量的程度。由于技术的迅猛进步，最可怕地毁灭生命的能力已成为当今人类面临的厄运。""受制于盲目的利己主义的世界，就像一条漆黑的峡谷，光明仅仅停留在山峰之上。所有的生命都必然生存于黑暗之中，只有一种生命能够摆脱黑暗，看到光明。这种生命是最高的生命，人。"[1]因此人必须担负起善待其他生命和自己的人类同胞的责任。而这一责任要求我们奉行仁慈的原则。

2. 孔特-斯蓬维尔的观点：我们太容易犯错误

如前所述，安德烈·孔特-斯蓬维尔特别强调仁慈的宽恕内涵。他的这一观点是基于这样一种立场："我们所有的人都犯有太多的错误，我们太可耻、太软弱、太卑劣，所以不能不需要宽恕。"不过"宽恕"不同于"怜悯"。与怜悯处于痛苦之上不一样的是，"宽恕则处于错误之上"。而且宽恕往往要求我们宽恕极大的错误甚或是犯罪。"如果只宽恕即使不用仁慈也能宽恕的事情，那要仁慈有什么用？"[2]

由于我们太容易犯错误，所以在奉行仁慈的宽恕时，人们要做的首先是对这一生存状况的反省。

所以，无论是正面还是反面考虑问题都不难发现，仁慈之所以重要，是因为它是我们人类生活的需要。仁慈对人的生命与生活，意义重大。仁慈既然对一般的生命、人生有积极的意义，那么可以想见，仁慈对于教师角色、教育工作必然存在积极意义。

(二)仁慈是公正的延伸与补充

仁慈之所以重要，还因为仁慈是公正的某种延伸。

---

① ［法］阿尔贝特·施韦泽：《敬畏生命：五十年来的基本论述》，17、20页，陈泽环译，上海，上海人民出版社，2017。

② ［法］安德烈·孔特-斯蓬维尔：《小爱大德》，124－125页，赵克非译，北京，作家出版社，2013。

　　拉斐尔在谈公正与慈善时说："在西方世界，至少有强有力的传统使公正包含某种程度的慈善。"之所以这样说，"第一个理由是（公正的）有效的覆盖。如果帮助穷人留给私人去采取主动，其结果就容易忽冷忽热。当使它成为公正问题时，这就意味着它成为整个社会的责任……因此要求有可能作出贡献的每个人都这样做，需要得到帮助的每个人都有权得到它"。"需要公正作为社会伦理学的基础。慈善或慷慨是……个人伦理学的命脉。"①如果公正包括"帮助穷人"，如果仁慈是"个人伦理学的基础"，那么实际上公正已经延伸到了仁慈。当然，我们既可以说仁慈是公正的延伸和补充，也可以说公正是仁慈的延伸与补充。

　　仁慈不仅是公正的延伸，而且是公正原则的重要补充。理由有二。

1. 关怀理论与仁慈

　　关怀理论的卓越倡导者之一是美国哈佛大学教育研究院教授卡罗尔·吉利根（Carol Gilligan）。吉利根是一位对女性伦理贡献与特点进行过深入研究的学者。吉利根指出："正像形成妇女道德判断的习俗不同于男性一样，女性关于道德领域的定义也背离了从男性研究中得出的定义。女性把道德问题建构成关系中的关怀和责任问题，而不是建构成把她们在道德思考方面的发展同责任和关系理解上的变化联系起来的权利和准则问题，如同公正的道德概念把发展与平等以及互惠的逻辑联系起来一样。"妇女不是形式逻辑地而是心理关怀地考虑道德问题。因此妇女存在另一种"道德语言"，"它把道德问题定义为实现关怀和避免伤害的义务问题。在漠不关心的反应中，伤害的痛苦被看成是自私的和不道德的，而关怀的表示被看成是履行了道德的责任"。卡罗尔·吉利根还依据妇女对流产等问题的道德判断的分析，得出结论，认为妇女在道德发展上具有不同于男性的特点。注意到妇女在道德上的特点和贡献的人早已存在。比如包尔生就认为："痛苦中的勇气、耐性"是一种"尤其是属于女性的美德"，它"使一个人能平静地先是面对自己的痛苦，而后忍受他人的痛苦"。"她平静而审慎地、精神饱

---

① ［英］D. D. 拉斐尔：《道德哲学》，96—97 页，邱仁宗译，辽宁教育出版社、牛津大学出版社，1998。

满地和有力地向痛苦进攻，并征服它。"①但是，像吉利根这样明确、专门地对女性道德及其特点、贡献做科学的分析和论述的人，应当说是前所未有的。

实际上可以这样说，吉利根等人实际上证明了这样一个真理：公正作为男性伦理的存在在伦理学中得到了较为充分的反映，而具有女性特质的关怀伦理则常常被理解为一种低级的情感而没有在伦理学体系和日常生活中得到充分的关注。正像物种是由两个性别构成的一样，我们也认为公正与关怀都是人类伦理的基本构件。而关怀伦理在这里可以理解为我们所说的"仁慈"原则。

2. 价值遗憾与仁慈

我国伦理学者赵汀阳曾经在他的《论可能生活》中认为，幸福与公正是伦理学的基本原则，而"仁慈也许是一种美德但却不是伦理学的一个公理"。因此仁慈原则被他称为是一种"夸张的人道主义"。但是就是同一本著作中，他也同时承认在道德选择中有时存在"不可兼得"的价值遗憾。"尽力而为却仍然不能充分承担责任，这种情况造成了遗憾。"因此一个人需要有赎罪意识。赎罪意识"使一个人时刻考虑到道德后果，使人尽可能避免造成不可弥补的损害"②。

我们认为，"不可兼得"的价值遗憾的存在，"尽力而为却仍然不能充分承担责任"情况的存在，恰恰证明公正原则的某种局限性。在伦理体系中，由于公正原则的局限性，如果不同时承认仁慈原则，我们认为，这一伦理体系就是有缺陷的。因此，与赵汀阳相反，我们认为，公正与仁慈需要相互补充；仁慈原则与公正原则都是实现幸福生活的基本原则。

从正面的立场也可以说明问题。弗兰克纳指出："一方面，'正当'有时意味着'应该被做'，有时则仅仅意味着'并非不正当'。""（有人认为）道德要求我们的是正义、信守诺言等等，而不是仁慈。这里有一定道理。甚至当

---

①　[美]卡罗尔·吉利根：《不同的声音——心理学理论与妇女发展》，76页，肖巍译，北京，中央编译出版社，1999。

②　赵汀阳：《论可能生活》，131、152、158、159页，北京，生活·读书·新知三联书店，1994。

人们可以采取、而实际上并未采取仁慈的行为时，也不能说他们完全是不正当的。例如，不把自己的音乐会门票给别人。如果他对我的仁慈有一种权利，我不给他门票才是不正当，但他不可能永远具有这种权利。然而，仍然可以在'应该'一词更广泛的意义上说，我应该仁慈，甚至也许把我的票给其他更需要的人。"①也许这也可以从另外一个侧面证明公正原则需要仁慈作为补充。

所以，无论是从伦理体系完善的逻辑需要还是从人类生活幸福的基本需要出发，都不难看出：仁慈与公正一样，都是我们应当坚持的伦理原则。"即使人们认为仁慈不是道德的要求，而是某种非本质的、道德上善的东西，人们仍然把仁慈看成是道德的一个重要方面——如果不是必要的，也是令人向往的。"当然，我们在说明公正与仁慈原则的沟通与互补关系时也必须充分认识到这两个伦理原则的区别。弗兰克纳举例说："说一个人应该走二里路是自然的，说一个人有责任或义务走二里路就不那么自然了，而说另一个人有权希望这个人走二里路则是非常不自然的了。"②仁慈是一个与公正不同的道德原则，仁慈显然比公正要求更高。也正是因为这一点，仁慈才有资格去延伸和补充公正的不足。

第二节　教师的仁慈及其实现

一、教师仁慈的意义

教师的职业生活中所有的人际关系都需要用公正与仁慈两项原则去处理。对教师来说，能否做到对人仁慈，尤其是对学生做到仁慈施教，是一个关系到教育工作成败的关键性伦理课题。教师仁慈的意义大体上可以概括为以下几个方面。

---

① ［美］弗兰克纳：《伦理学》，97页，关键译，北京，生活·读书·新知三联书店，1987。

② 同上书，98页。

(一)职业自由感

这一意义主要是针对教师而言的。由于仁慈具有超越性，一个能够真正做到对人仁慈的教师，实际上就是一个在道德、业务上达到了某种自由境界的教师。仁慈会使他在工作环境中左右逢源、游刃有余。同时，当教师真正践行仁慈原则时，他也必然会体验职业的自由与人生的意义。自由感是教师的本质力量的表现，只有具有自由感，教师工作才是充满乐趣的。所以，仁慈的德行能够增强教师的职业自信，使之发现自己的职业意义，以更大的热情投身教育事业。

对学生而言，教师的仁慈意义更为重大。具体表现为下面要谈到的动机作用、榜样效应和心理健康功能三方面。

(二)动机作用

动机作用主要是说教师的仁慈或者师爱会以积极的情感为中介影响教育对象，促进学生的学习积极性，鼓励他们的道德成长。在生活中，师爱对学生的激励使学生成长的例子比比皆是。据说杜鲁门总统的成功就与赢得英文教师布朗小姐的爱吻有关。[①] 在实验研究方面我们只要以皮格马利翁效应(Pygmalion Effect)为例说明即可。罗森塔尔和雅各布森的实验报告(1968)证明[②]，教师对学生的友善、亲近和期望对学生的智力发展、学业成绩等都有着十分明显和积极的影响。

(三)榜样效应

正如只有公正的教师才能教育出公正的学生一样，也只有仁慈的教师才能培养学生积极的人生态度。教师的仁慈，无论是对学生，还是对同事、对他人的仁慈态度，对学生的仁慈品性的养成都具有重要意义。教育公正让学生形成公平、正直、刚正不阿、遵守法度的品质；通过教师的仁慈，

---

① 参见潘洪亮、董安君、杨丙魁：《情境·教育·启迪——教育学教学例话集锦》，28—29页，郑州，大象出版社，1999。

② 参见[美]罗森塔尔、[美]雅各布森：《课堂中的皮格马利翁——教师期待与学生智力发展》，唐晓杰、崔允漷译，北京，人民教育出版社，1998。

学生则能够体验伦理生活的要求和技巧，形成积极的人生态度，对人的信任与关怀品质，对人的友善、慷慨和宽恕，等等。

(四)心理健康功能

在学生眼中，教师是神圣的——他既是成人社会的代表，也是是非善恶的标准。所以教师的一言一行学生都十分在意。过于严厉的教师往往会使学生面临不必要的心理压力，造成心理疾病；过于放纵的教师又会使学生失去必要的学习控制能力的机会，形成社会性发展上的错觉，也不利于学生的心理健康。所以，实行真正的教育仁慈有利于学生的心理健康。

我国台湾的著名作家三毛曾经患有严重的自闭症，时间长达 7 年——不肯上学，害怕所有人，因而不愿与外界接触。起因就是初中二年级时因为成绩不佳，一个数学教师在她的眼上画了两个"鸭蛋"，让她当众出丑。[①]有人认为这一心理疾病还是她后来自杀身亡、英年早逝的主要原因之一。我国著名教育家陶行知先生说过一句名言："你的教鞭下有瓦特，你的冷眼里有牛顿，你的讥笑中有爱迪生。"所以，教师的仁慈与否实际上是学生一生成败和整个教育事业成败的一个关键性因素。

教师的仁慈从某种意义上会超越心理健康层面。按照后现代主义代表人物米歇尔·福柯(Michel Foucault，1926—1984)的观点[②]，现代社会是一个知识和权力结合摆布个体的社会。在现实的社会和学校生活中，不正常往往不是你错了，而是你未达到一定的标准。因此规训与惩罚就成为压迫人的一种手段。由于这一权力系统的存在，即使我们认为正常的东西往往也构成了对于个体的压抑。因此，以一种宽容、仁慈的态度对待学生、对待一切人，就成为一种当代社会必须认真对待的抉择。从这一意义上说，仁慈具有更广泛的时代意义。

---

① 参见潘洪亮、董安君、杨丙魁：《情境·教育·启迪——教育学教学例话集锦》，37 页，郑州，大象出版社，1999。

② 参见[法]米歇尔·福柯：《规训与惩罚：监狱的诞生》，刘北成、杨远婴译，北京，生活·读书·新知三联书店，1999。

二、教师仁慈的特点

(一)教师仁慈的教育性

教师仁慈的教育性可以从两个方面加以说明。

1. 教育事业要求仁慈的德性

仁慈是教育的本性。对于从事教育工作的教师来说，坚持教育公正当然是非常重要的。但是教育事业是一个充满爱心的事业。在一定程度上，教育事业要求我们爱学生；爱学生也就是爱教育事业。同时，教育公正离开教师对学生的爱心、宽容、理解和扶助也是无法真正实现的。此外教师在日常生活中的仁慈表现也是学生学习和形成仁慈品质的最好教材。所以，教育事业要求教师必须具有仁慈的德性，教师伦理的最基本的范畴之一应当是教师的仁慈，尤其是对学生的仁慈。

2. 教育事业规定仁慈的特质

教育事业对仁慈法则有一种职业性的规定。就像医生的仁慈表现为对病人的冷静与客观的态度和正确的处置一样，教师的仁慈也是超越了一般的自然情感的。中国人有句俗语说："师生如父子。"但是"如父子"并不等于父子关系。教师的仁慈是一种无私的"类"（人类）的关怀、理智的热爱，一种事业性的伦理实践，而不像父母对子女那样带有个体性和血缘关系的性质——因而可能带有一定的狭隘与盲目性质。

(二)教师仁慈的理性色彩

教师仁慈的第二个特性是它的理性色彩。如前所述，仁慈品质或原则具有理性的特质。但我们认为这一特质在教师的劳动中更为明显和突出。这主要表现为两个方面。

一是教师的仁慈并不一定表现在对学生一时一地、某件事情上，真正的教师尊重、重视学生的长远发展，从长远利益出发考虑对学生的关怀——"为之计深远"。诚如一位美国教育家所说过的：教师站在人类的摇篮边。

孔子的学生子路生性狂野，《史记·仲尼弟子列传》中记载子路"性鄙，好勇力，志伉直，冠雄鸡，佩猳豚，陵暴孔子"。但是孔子并未嫌弃他，而是"设礼稍诱"，使子路"后儒服委质，因门人请为弟子"，最后使之成为"衣敝缊袍，与衣狐貉者立，而不耻者"，"千乘之国可使治其赋"的栋梁之材。孔子本人也在周游列国时得到子路的随时护卫。孔子说"吾自得由，恶言不闻于耳"。可以这样说，如果孔子只从自己受到当面凌辱的当前状况出发，看不到子路可以造就的潜力，敬而远之或采取其他不当的做法，历史上的子路就可能是一个完全不同的人物。

二是教师对学生的仁慈建立在教师对教育事业的神圣性的理解之上。实际上教师的仁慈并不仅仅是个人品质或做人原则，而是保证教育事业目标实现的必然要求。《荀子·法行》中记载了孔子的另外一个学生子贡的故事。南郭惠子问子贡："夫子之门，何其杂也?"子贡答曰："君子正身以俟，欲来者不拒，欲去者不止，且夫良医之门多病人，檃栝之侧多枉木，是以杂也。"可以说，"欲来者不拒"完全继承了孔子有教无类的教育伦理精神。教师之所以是太阳底下最神圣的职业，就在于他对人类发展的自觉关怀。以这一关怀落实到每一个学生的身上，就必然产生对学生真正的、理性的仁慈。教师仁慈的理性来自或者就是教师对事业的深刻理解。

(三)教师仁慈的方法特性

仁慈的理性特质的一个重要内涵是方法特性。教师的仁慈在一般人际关系中运用时也要讲究方法。但是当涉及教育对象时，由于学生的年龄与发展的实际，由于教育规律的制约，这一方法特征就会表现得更为明显。包尔生指出："热爱自己的孩子是一种本性，它既不是一种德性，也不是一种技艺。而教育孩子则是一种伟大的和困难的技艺，它首先需要控制自己的柔弱的本能冲动的能力。"[①]教师仁慈的最重要的特性之一就是方法特性。教师，尤其是现代教师，由于经过专业训练，也应当是爱而得法的。

有这样一个故事：两个男生在课间因为一件小事吵架，其中一个学生挨了两拳，刚要还手，上课铃响了。被打的学生觉得吃了亏，怒不可遏。他站在教室门口指着打人者大声喊叫："有种你给我出来，我非把你揍扁不

---

① [德]弗里德里希·包尔生：《伦理学体系》，515页，何怀宏、廖申白译，北京，中国社会科学出版社，1988。

可!"这时来上课的甲老师正好看到了这一切。甲老师愣了一下,马上和蔼地对那位喊叫的同学说:"某某同学,你看老师拿了这么多作业本,你能帮老师发给同学们吗?"这位同学很快接过作业本发了下去。甲老师又对全班同学说:"刚才某某同学虽然和别人闹了点小矛盾,可是他为了不影响上课,愉快地帮老师做事,这很好!我相信他下课后会正确处理这件事的。"挨打的学生听到了老师的表扬,转怒为喜。结果,这位同学不仅上课认真,而且下课后没有再找那个同学闹别扭。[①]

这个例子中,教师一是有宽容的胸怀;二是宽容有法。他成功地使要与人打架的学生的注意力转移到做好事上来并使之对事情本身有冷静思考的可能性,他尊重与鼓励学生积极解决问题的方法十分有效。教师的仁慈与教师的公正一样,都需要高超的教育艺术。除了面对学生的仁慈需要有方法与理智之外,教师日常生活中对自己的同事和周围人士的仁慈还必须反映自己的文化涵养,而这一文化涵养的实质也是它的理智特征与方法特征。

三、教师仁慈的内涵与实践

教师仁慈法则调整的对象范围十分广泛,如前所述,日常生活中的仁慈是教师仁慈德性的真实表现,对学生的影响也是十分重要的。如果仁慈仅仅在课堂存在,教师在日常生活中是一个苛刻和残酷的人,就会让学生怀疑仁慈原则的真实性。这样的隐性课程会对学生有负面的道德影响。但是教师仁慈的主要或核心的对象又无疑是学生。我们在以下的论述中将集中讨论教师对学生的仁慈。

(一)教师仁慈的内涵

教师对学生仁慈的内涵首先表现在对学生心态的正反两个方面。一是教师对学生无条件的爱心;二是教师对学生的高度宽容。而这两个方面又是关联在一起的。

---

① 参见周益华:《"宽容"也是教师的美德》,载《江苏教育报》,1997-12-23。

79

在对学生的无条件爱心问题上，美国心理学家、教育学家卡尔·罗杰斯(Carl Rogers)从人格心理的角度作出过卓越的解释。那就是：教师必须保持对学生的"无条件关怀"。罗杰斯认为，儿童得到人际关系中的诸如温暖、热爱、同情、关心、尊敬等方面的关怀对其自我概念的形成十分重要。成人对儿童的关怀有两种：一种是"有价值条件的关怀"(如果儿童做了某些事情，他就能够得到关怀；而如果他做了另外一些事情，他将得不到关怀)；另一种是"无条件的关怀"(即无论儿童做了什么，都可以得到关怀)。罗杰斯坚决主张给予儿童"无条件的关怀"。这是因为只有这样，"关怀的需要和自尊的需要就不会同机体估价过程相矛盾，因而个体就会不断获得心理上的调节，成为完善的人"。对于不当行为，罗杰斯认为应当这样表达给儿童："我像你一样深深地爱你。但是你的所作所为是令人不安的，所以如果你不这样做的话，我们双方都会更愉快。"①所谓"无条件的关怀"就是无条件的仁慈。实际上仁慈的必要在教育上不仅表现为对儿童发展的正面影响，而且更重要的表现为对教育对象有问题的思想或行为的矫正。后者需要的是关怀而不是抛弃。

从某种意义上说，教师的仁慈集中表现在对有问题的学生的态度上。这一点，苏联教育家苏霍姆林斯基有一个很好的说明。他说："要关怀人，就是说对待儿童犹如对待自己的儿子一样。儿童学习成绩不好，落后；儿童难于像他的同班学生那样学习；儿童或少年犯了流氓行为——所有这些都是糟糕的事。如果是你的儿子遇到了这种糟糕事，你会怎么办？不见得会提出开除、减品行分数之类的处理办法。当然，理智会提醒父母，这些办法也是需要的，但你的心里首先会提出极端必要的办法去挽救儿子，只用惩罚是不能挽救人的。"②可以这样说，教师的仁慈表现为教师的耐心、冷静、诲人不倦，表现为教师的所有教育手段的出发点都是对学生的热爱。

---

① 转引自赫根汉：《人格心理学导论》，411 页，海口，海南人民出版社，1986。
② ［苏］B. A. 苏霍姆林斯基：《给教师的一百条建议》，17 页，天津，天津人民出版社，1981。

教师对学生的仁慈主要表现为爱心与宽容，但是又不能止于抽象的爱心或宽容。从具体工作出发，教师工作与伦理的目标还应当集中在对学生成长的有效帮助上。从正面去理解，学生人格上的健康成长重要的前提条件之一是他的学业成绩的提高。只有发展上比较顺利，学生才能建立自己对未来的自信和对社会、他人的信心。帮助学生的学习成长实际上是对学生最具实质意义的关怀。从反面去看，不当的教育行为，不管有意或无意，都是对学生的伤害，因而与教育仁慈的原则背道而驰。苏霍姆林斯基曾经表述过这样一种教师对学生的不人道表现："民间教育学断言，复习是学习之母。然而，实际情况往往是，这位慈善的母亲变成了狠毒的后娘。这种情况发生时，学生被迫在一天或几天之内做完几个星期或几个月所做过的事情。例如，被迫复习十节课、二十节或更多节课期间所学过的教材。大量的事实和结论压顶而来，使他的脑子里乱成一团……于是，正常的脑力劳动成为不可能的事情，弄得学生精疲力竭，伤了身体。"[①]实际上过多的复习不仅会伤害学生的身体，而且会伤害学生的学习兴趣、积极性和主动性，就是说影响学习成绩本身。所以教师提高自己的业务素质，包括学科素养和教育技能是教师仁慈真正实现的关键。

(二)教师仁慈实现的主观条件

要在教育实践中真正做到按仁慈的原则行事，教师必须具备的主观条件主要有以下几点。

1. 具有崇高的道德境界

小说《为了回忆的诗》中记载，1944 年 2 月，一个即将被纳粹行刑队枪决的人说："我死时心中不怨恨德国人民。"所以安德列·孔特-斯蓬维尔在他的《小爱大德》中这样评述宽恕和自由的关系："即使套着锁链，他也比杀死他的凶手们更自由，因为他们是奴隶！这正是宽恕所记住或表达的，它以此与慷慨相结合(宽恕中有赠与的意思)，这就像一种过多的自由，它看

---

① [苏]B. A. 苏霍姆林斯基：《给教师的一百条建议》，54—55 页，天津，天津人民出版社，1981。

到罪人们太缺少自由，以至不能对他们恨之入骨……"①

不仅宽恕，而且作为仁慈的全部内容都需要道德上的自由。而道德上的自由实际上就是道德的最高境界。仁慈不同于怜悯，双方在人格上是对等的。但是，人格上的对等并不等于仁慈原则调节的双方在道德境界上处于同一水平。对教师而言，只有在道德修养上处于更高的水平，才能真正践行仁慈的原则。这是因为如果没有较高的道德修养，我们就会陷入日常利害之中无法自拔，自己都是不自由的，我们如何能够心平气和地对人、对事，践行仁慈原则呢？此外，从仁慈与公正的比较中也可以看到较高道德境界的必要——因为仁慈是一种比公正要求做得更多的道德法则。

2. 拥有教育效能感——教育信心

教师的仁慈不仅要求我们具有较高的道德修养，而且要求我们具有较高的教育效能感（即教育信心）。

依据林崇德教授的观点，教师的效能感可以分为一般效能感、个人效能感和总体效能感三类，随着教龄的增长，一般效能感会呈现下降趋势，而个人效能感和总体效能感会出现上升的趋势。② 这是因为随着时间的推移，教师们渐渐认识到教育之外还有许多条件会影响学生，所以教育不是万能的。但是，随着教育工作技能的日益提高，教师对自己和对教育的整体作用越来越自信，故个人效能感、总体效能感越来越高。

我们认为，教师应当树立"通过教育，学生一定能够成才""通过努力，我一定能够教好我的学生"的教育信心（即一般效能感和个人效能感）。只有有信心，我们才能冷静地面对问题；也只有具有较高的教育效能感，教师才能发现自己的本质力量，更加热爱自己的学生和自己的事业。相反，我们可以看到，对学生苛刻、冷漠的教师往往都是教育上的失意者。由于对自己的能力失去信心，所以暴躁、蛮横、失去理智。这样的教师，我们是无法期待其具有真正的教育仁慈的。

---

① ［法］安德烈·孔特-斯蓬维尔：《小爱大德》，127 页，赵克非译，北京，作家出版社，2013。

② 林崇德：《教育的智慧——写给中小学教师》，42—45 页，北京，开明出版社，1999。

但是，教育效能感并不能够凭空产生或提高。教师能够做的是不断提高自己的业务水平。所以践行教育仁慈和践行任何其他师德规范一样，其基本条件都是要求教师懂得并掌握真正的教育艺术。

3. 掌握高超的沟通与表达技巧

公正本身即要求显性的规则存在。公正就是这些规则的实施。与公正不同的是，仁慈并不必然具有显性的表现。林崇德教授曾经指出："热爱学生并不是一件容易的事，让学生体会到教师的爱更困难。"①

某市教委在教师中随机调查，问"您热爱学生吗?"90％以上的教师都回答"是"。而当转而对他们所教的学生问"你体会到老师对你的爱了吗?"时，回答"体会到"的学生仅占10％!② 这是一个令人深思的问题。我们认为，一个重要的原因是教师缺乏合适的表达情感的技巧。

在中国，师道尊严的传统往往不仅使我们认为"严是爱，宽是害"，而且即使是当我们真正希望表达对学生的热爱、欣赏时，我们也往往是板起面孔的。这样就使我们的情感表达失去了表象，学生无从接受。学生，尤其是低年级的学生，非常在意教师的表面上的情感表达。如果教师缺乏表达技巧，教育仁慈的原则就无法实现。所以，如何表达我们对学生的仁慈或热爱，如何使我们对学生的要求也成为学生对爱的解读对象，需要我们掌握高超的沟通与表达的技巧。教师应当学会运用语言、教态和其他手段恰当地表达对学生的热爱、尊重、期待与善意的要求。

4. 做学生的心理关怀者

美国学者格林伦(Henry Clay Lindgren)在《课堂教育心理学》中说，当一名心理卫生工作者不一定是一个教师的主要角色，除非我们考虑到儿童教育在本质上是改善他们心理卫生的过程。而如果一名教师对他的工作中的(心理)诊疗方面无知，那么他所做的比他应当做的，其成效要小得多。⋯⋯教师应当清楚他们的心理卫生工作者角色的重大责任。③

1988—1991年，卫生部曾经对23个省市24 000名独生子女进行过精

---

① 林崇德：《教育的智慧——写给中小学教师》，36页，北京，开明出版社，1999。
② 同上。
③ 林格伦：《课堂教育心理学》，670—671页，昆明，云南人民出版社，1983。

神卫生方面的调查，发现我国儿童的心理问题发生率高达 15％。① 20 世纪 90 年代一项较大规模的调查则证明，我国中小学生中存在不同程度的心理健康问题，总检出率高达 21.60％。②

由于市场竞争的日益加剧，家长们已经普遍将未来的竞争自动提前到儿童、少年的学习期，存在着学生的心理压力日益加剧的趋势。因此仁慈原则是我们不能忽视的教育伦理原则。

做学生的心理关怀者要求教师至少应当做到这样几点：第一，要注意倾听学生的心声，关心他们的情绪变化，努力形成关怀学生的日常教学环境，使学生得到情感和心理上的有力支持，生活在一个具有安全感的心理环境之中。第二，应当了解必要的心理疏导技术和其他心理学知识，正确地帮助学生调节情绪，减轻焦虑和正确面对不同发展阶段所遇到的心理问题。第三，对学业成绩不佳的学生要在帮助他们改善学习方法，养成良好的学习习惯，提高成绩的同时，要注意消除其心理压力，让他们"抬起头来走路"。对其他心理上的问题能够区分问题的性质，予以合适的处理。在心理上关怀学生虽然是现代教育伦理的要求，但是这一目标的实现却必须通过教师具备的必要心理学素养去解决。所以教师应当意识到心理知识和技能是实现教师仁慈的必要的基础，努力加强这一方面的专业素养。

思考题

1. 什么是仁慈？仁慈的基本内涵应当有哪些？

2. 仁慈为什么是与公正原则一样重要的伦理要求？

3. 试以作家三毛的经历为例说明教师仁慈的意义。

4. 教师仁慈的特性有哪些？

5. 教师仁慈的主要内涵是什么？应当如何践行仁慈原则？

---

① 转引自高明书：《教师心理学》，30 页，北京，人民教育出版社，1999。

② 转引自黄希庭：《中学生心理健康教师读本》，8 页，北京，新华出版社，1999。

专题五
教师义务论

恪守义务可以使人变得更高尚。教育者的任务就在于使义务感成为自觉纪律这个极其重要品质的核心。缺少了这种品质，学校就是不可想象的。

——[苏]苏霍姆林斯基

公正、仁慈是道德生活的基本准则。同时，努力做到公正和仁慈也是一个有道德的人必须践行的最基本的道德责任或道德义务。

义务也是伦理学中最重要的范畴之一。马克思曾经指出："作为确定的人，现实的人，你就有规定，就有使命，就有任务。至于你是否意识到这一点，那都是无所谓的。"①所以不管人们承认与否，在社会关系中生活的每一个人都必然要承担一定的责任或义务。教师在自己的生活领域既要对社会、对他人承担一定的一般道德义务，也要承担起教师的职业角色所要承担的职业道德义务。教师职业道德义务的核心内容就是要落实或践行教育公正与教育仁慈。教师的义务从一定意义上说构成了教育伦理规范的基本内容。理解教师的义务是理解教师伦理的关键之一。

第一节　义务范畴

一、义务概念与道德义务的性质

(一)义务概念

什么是"义务"(obligation)？中西方思想家很早就关注到了义务概念。

中国人最早对义务的探讨主要集中在对"义"字的探讨上。孔子说："君子喻于义，小人喻于利。""不义而富且贵，于我如浮云。"②孟子说："心之所同然者，何也？谓理也，义也。"③"亲亲，仁也；敬长，义也。"又说："义之实，从兄是也。"④这是一种很具体的"义"的说明，同时也带有先秦儒家血缘伦理的特征。韩愈说："行而宜之之谓义。"⑤朱熹说："义之为义，

---

① 《马克思恩格斯全集》(第3卷)，329页，北京，人民出版社，1960。
② 《论语·里仁》；《论语·述而》。
③ 《孟子·告子上》。
④ 《孟子·离娄上》；《孟子·尽心上》。
⑤ 《原道》。

只是一个宜字。"①朱熹对"义"的内涵作出的解释更宽泛，并且对义的重要性也作了充分的强调："义利之说，乃儒者第一义。"②韩愈、朱熹说的"宜"，主要指今天我们说的"应该"。在英语中，义务即"obligation"，也是"what action ought to be taken"③（应该采取的行动），即"应该"的意思。所以从词义上看，义务是指面对利害道德主体应该做到的事情。

我们知道，整个伦理系统都是在论说道德上的"应该"两字的。所以伦理意义上的义务是以怎样的方式反映"应该"的，尚需作进一步的说明。这里要作的解释最主要的是要区别"道德义务"和"非道德义务"。

1. 道德义务是指能够对它作善与恶的判断的义务

道德义务是指能够对它作善与恶的判断的义务，非道德义务则是指那些并不具有道德意义的义务。比如投票选举就是公民的一种政治义务，因为在某种意义上人们对参加或不参加选举的人并不作道德上善或恶的评价。参加或不参加某一政党也不一定属于道德义务。当然，非道德义务在一定意义上是可以转化为道德义务的。比如在一个健全的民主政治环境之下，拒绝投票也可以视为在政治道德意义上对道德义务的逃避。苏格拉底就是认为维护城邦的法律正义是一个公民的道德义务，因此拒绝逃亡而选择死亡的。在这种情况下，非道德义务已经转化为道德义务。

2. 道德义务比一般义务要求更高，同时也是一般义务确立的道德基础

道德义务比一般义务要求的程度更高，存在领域更广。比如诚实是一种道德义务，任何不诚实的行为都会受到良心的责备。但是从经济义务的角度来看，允许在做广告时有适当的美化或包装；从法律义务的角度来看，不诚实的人只要不构成违法的欺诈，法律并不追究主体的责任。同时一般义务往往存在于一定的领域，经济、法律义务等只存在于经济、法律领域，而道德义务基本上是无所不在的。当然，所有的经济、法律义务等的制定都需要一个道义上的基础，这一基础就是道德义务。经济、法律义务等应

---

① 《朱子语类·第六十八》。
② 《朱子文集·第二十四》。
③ 《牛津现代高级英汉双解词典》，772页，北京，商务印书馆，1988。

当在吸取道德义务精神的基础上产生。同时，教师的道德义务也作为教师法的一部分(法律义务)而存在。

(二)道德义务的特质

道德义务与非道德义务相比，具有一些明显的特质。这主要表现在以下三个方面。

1. 道德义务的精神性

道德行为从本质上说是并不要求回报的利他性的行为。所以人们在践行道德义务时也并不要求有物质上的回报。这一点使道德义务与非道德义务区别开来。比如我们上面提及的政治义务，还有经济义务、法律义务等，都讲一条非常重要的"条件性的原则"，那就是义务与权利的对等。也就是说，谁履行了一定的义务，就意味着他同时可以享受一定的权利。比如履行了劳动的义务，就意味着有获得报酬的权利。公民履行了法律义务，也会享有相应的法律权利。但道德义务则不然。它不要求任何物质上的回报。比如遵守诺言作为一种道德义务是不要回报的，相反，如果某人因为某种利益上的考虑而遵守诺言，从严格意义上看，反而不被认为是在履行真正的道德义务。道德义务得以履行的动力来自外在和内在两个方面。外在的原因是舆论的制约，内在的原因是良心之类的心理机制起作用。

道德义务的履行可能会带来荣誉或物质上的某种好处。但是伦理学将这一情况视为一种社会性的"赠予"或"回报"。而"赠予"或"回报"与主体有权要求某种利益是完全不同的事情。此外，如果说道德义务有某种"回报"的话，那么这一"回报"(即使包括物质上的)也是有限定的，即这一回报的实质是精神性和自酬性的。比如物质上的奖赏和舆论上的褒贬就其实质而言都是一种精神性的回报。而所谓自酬性指的是自己对自己的精神性肯定。一个人履行了义务，就会有一种心安理得的心态，或者更积极一些，会产生一种践行天命的自豪感。这些都是主体自己给自己的"报酬"。应该指出的是，有"自酬"当然也就有"自罚"。同时，舆论上的褒与贬如果不同这种精神性的自酬与自罚结合，就不会有任何效果。这是道德约束的特点，也是它的局限性所在。

2. 道德义务的自觉性

道德上的义务是一种为道德主体自觉意识到的道德责任。所以道德义务具有一定的主观性。伦理学研究往往将义务和义务感区别论述。当我们着眼于道德责任时，我们称之为义务；当我们着眼于对这一道德责任的主观体认时，我们称之为义务感或义务意识。但是我们认为，如果没有义务感或义务意识，道德义务就只能抽象地存在。所以从具体或现实的逻辑出发，我们认为义务与义务感不可分离，义务本身也是有道德主体的自觉性的。

道德义务具有主体自觉意识的特点，可以在比较它与道德规范与良心等概念的不同时得到说明。规范、义务、良心都是对社会存在特别是社会关系存在的一种主观反映，但对道德个体而言，规范是外在和相对客观存在的一个范畴。规范就像那些贴在墙上的东西，具有较强的客观性。义务、良心则是对规范反映的道德责任的体悟与把握的结果。而义务与良心在主观性的程度上又有很大的区别：义务是个体自觉意识到的道德责任；良心则是将道德责任和义务进一步内化了的主体道德自觉意识。换句话说，良心具有更高程度的主体自觉水平。我们可以用一个表示主观性程度的数轴来表示规范、义务、良心的不同：

自觉性还使道德义务区别于一般的义务。有些义务如政治义务、法律义务等并不完全依靠义务的自觉得以践行，在义务主体拒绝履行时可以依靠外在的强制力量去强迫执行。但是道德义务则不然，道德义务的履行完全依赖于道德主体的自觉性。支持道德义务践行的最大力量是主体的道德责任和道德良知等。

3. 道德义务的意志特征

道德义务的意志特征也就是它的实践特征。孔子曾说："君子之于天下也，无适也，无莫也，义之与比。"①没有实践的义务没有意义。换言之，道德义务本身即意味着道德行为的实施。而道德行为的实施或道德义务的实践，需要主体的道德意志。亚里士多德说："合乎德行的行为，本身具有某种品质还不行，只有当行为者在行动时也处于某种心灵状态，才能说它们是公正的、节制的。第一，他必须是有知、自觉的；第二，他必须是有意识地选择行为的，而且是为了行为自身而选择的；第三，他必须在行动中勉力地坚持到底。"②"必须在行动中勉力地坚持到底"就是意志特征。康德也说过："行为要有道德价值，一定要是为义务而实行的。"③在康德说"为义务而实行"的时候，我们就可以体会到义务履行所要求的意志特征。

实际上是义务的利他性决定着履行义务的意志性——它意味着努力、奉献甚至牺牲。所以义务要求实践主体要有冷静和自制的品质。"冷静"是指主体意识到义务所在，不为冲动所左右；"自制"则意味着即使需要很大的努力和牺牲，也必须履行天命。所以如果将义务感与良心相比较，两者不仅在自觉性上有程度的区别，而且在意志力的参与程度上也有显著的不同。后者在意志力的参与程度上显然较小。也就是说，义务带有较大的强制力或勉强的特征，而良心的发动则往往是相对自然的。所以道德义务的真正有效的践行不仅要以主体对道德责任的体认为前提，而且要求这种体认能够上升到良心的水平。

综合以上特性，我们可以认为，道德义务作为一个伦理范畴，指的是道德活动主体意识到的在实践中必须履行的道德责任。道德义务具有的精神性、自觉性和意志特征等使它高于一般义务。也正是因为它高于一般义务，道德义务才能作为一般义务的道义基础。

---

① 《论语·里仁》。

② [古希腊]亚里士多德：《尼各马科伦理学》，30页，苗力田译，北京，中国社会科学出版社，1990。

③ 北京大学哲学系编：《十八世纪末—十九世纪初德国哲学》，78页，北京，商务印书馆，1975。

二、道德义务的形成

道德义务是如何形成的？不同伦理学家的看法并不一致。但总的说来，他们都会涉及社会存在和道德主体自身这样客观和主观两个方面。

首先我们来讨论影响义务确定或形成的客观因素。

(一)影响义务形成的客观因素

马克思和恩格斯曾经指出："'使命、职责、任务、理想'或者是(1)关于物质条件所决定的某一被压迫阶级的革命任务的观念；或者是(2)对于通过分工而分到不同行业中去的那些个人的活动方式的简单的唯心的解释或相应的有意识的表达；或者是(3)对个人、阶级、民族随时都必须通过某种完全确定的活动去巩固自己地位的这种必要性的有意识的表达；或者是(4)以观念形式表现在法律、道德等等中的统治阶级的存在条件(受以前的生产发展所限制的条件)，统治阶级的思想家或多或少有意识地从理论上把它们变成某种独立存在的东西，在统治阶级的个人的意识中把它们设想为使命等等；统治阶级为了反对被压迫阶级的个人，把它们提出来作为生活准则，一则是作为对自己统治的粉饰或意识，一则是作为这种统治的道德手段。这里像通常一样，关于这些思想家应当指出，他们必然会把事物本末倒置，他们认为自己的思想是一切社会关系的创造力和目的，其实他们的思想只是这些社会关系的表现和征兆。"①

按照马克思和恩格斯的理论，义务形成的最后的和物质的基础是社会存在。这包括社会历史的进展所起的作用，包括社会分工对职业道德领域义务的影响，也包括阶级利益与阶级关系对义务形成所产生的影响等。对于教师的义务来说，社会历史进程与社会分工的制约是十分明显的。也就是说，对教师义务的理解的最基本角度是历史和分工。比如从历史的角度看，对许多教育义务都应当作具体而非抽象的理解。教师应当注意教育公正，"有教无类"，教师有促进教育机会均等的义务。但是教育机会均等的

---

① 《马克思恩格斯全集》(第3卷)，491—492页，北京，人民出版社，1960。

实现又是一个长期和历史的过程，超越历史地理解机会均等反而不利于教育事业和教育对象的整体发展。所以在中国的教育实践中对诸如"重点学校""应试教育"之类教育问题的伦理判断就不能简单化。从分工的角度看，教师的义务来源于社会对于教育事业的期待。专门从事学校教育事业的教师有义务承担起促进人的再生产的重任。一方面，教师的天职是一切为了每一个学生的成长；另一方面，教师又必须考虑教育工作的社会责任，为社会发展培养合格的成员。在一些国家，教师的身份明确规定为"公务员"性质，更是对教师的社会义务的强调。所有具体的教师的道德义务应当说都来自社会关系的上述历史和分工的两大方面。

伦理学家包尔生指出："义务的权威性来自意志同习俗的关系，或者说个人同社会的关系。""父母、民族、神灵的三重权威在义务感中显示了自己：义务感是对一个较高的限制爱好的意志负有责任的感情。"[①]这些论述说明了道德义务形成过程中另外一种客观因素——习俗的作用。道德习俗实际上是历史地形成的主体在道德上的一种共识或契约。这一共识或契约虽然对群体而言具有主观性，但对特定的道德个体主体来说却具有客观环境的特质。从事特定行业的人浸泡在特定行业的职业道德习俗之中。所以习俗在教育和其他职业道德义务形成过程中有着十分重要的意义。行业传统和同行的作用都与教育义务的形成有直接关系。

(二)影响义务形成的主观因素

决定义务的主观因素主要有两个方面：一是先验理性，二是道德认知。

康德指出："一切道德的概念的中心和起源首先完全在于先验理性。并且不仅在于最高程度的纯粹思辨的理性中，而且一样实实在在地存在于人的极平常的理性中。"[②]义务既然是主体对责任的体认，主体自身没有一定的心理基础也是不可能的。按照社会性遗传理论的观点，人的某些社会性

---

① [德]弗里德里希·包尔生：《伦理学体系》，293、295 页，何怀宏、廖申白译，北京，中国社会科学出版社，1988。

② [德]康德：《道德形而上学基础》，转引自汤姆·L. 彼彻姆：《哲学的伦理学》，179 页，北京，中国社会科学出版社，1990。

心理形式是可能遗传的。人类社会对人际关系进行道德操作的实践活动在道德心理形式上肯定会有所积淀，使之成为人之为人的重要本质之一。所以，孟子所言的"恻隐之心"与康德所言的"先验理性"今天都是可以作唯物主义的解释的。那就是说，对于个体来说是"先验"的东西（道德理性），实际上是人类整体社会（道德）实践的产物，即对于人类社会来说是"后天"的、实践的产物。先验理性的存在是主体能够将客观的责任转化为义务感和良心机制的前提。就是说，一个道德主体，首先是凭借所谓的先验理性去直觉地认可某种责任是否属于自己的义务范围的。

道德认知是责任确定或义务形成的现实机制。因为先验理性只是解决了义务形成问题的一半，只是有了可能性。从可能性到现实性，不能仅仅靠直觉，而且要靠自觉的、显性的道德认知。由于义务作为一个伦理范畴，指的就是道德活动主体意识到的在实践中必须履行的道德责任。因此个体认识到自己对他人、对社会负有某种责任，并且努力认清这些责任的原因、内涵以及履行策略等是真实道德义务形成的重要机制。道德义务的形成，与个体对客观道德责任的认知或觉悟水平是有非常密切的联系的。也正是由于这一点，个体的道德修养以及道德义务感的培养策略中，道德义务的认知、学习、接受教育等就成为一个非常重要的环节。

苏格拉底曾经认为："智慧就是最大的善。""正义和其他一切德行都是智慧，因为正义和其他一切德行都是美好的；凡是认识这些事的人决不会愿意选择别的事情……正义和其他一切道德的行为，都是智慧。"[1]应当说，虽然苏格拉底的"美德即知识"的命题也有不尽全面的地方[2]，但是道德认知对道德形成过程的作用是十分明显和重要的。道德义务的形成与道德认知联系密切。同时，从综合的研究或当代伦理学视野看，将我们这里所说的"道德认知"看成是同道德情感和生活实践及其体验结合起来的道德"认

---

① ［古希腊］色诺芬：《回忆苏格拉底》，117 页，北京，商务印书馆，1986。

② 20 世纪有人曾经诘问过强调道德认知能力培养的美国教育家科尔伯格"惯偷明明知道偷窃不对，为什么他还不断行窃？"实际上这一发问可以一直追问到苏格拉底。——作者注

识"，而不仅仅是心理学意义上的纯粹理智性的"认知"，更为合适。

第二节　教师的义务

1993 年通过、2009 年修正的《中华人民共和国教师法》规定，"教师应当履行下列义务：（一）遵守宪法、法律和职业道德，为人师表；（二）贯彻国家的教育方针，遵守规章制度，执行学校的教学计划，履行教师聘约，完成教育教学工作任务；（三）对学生进行宪法所确定的基本原则的教育和爱国主义、民族团结的教育，法制教育以及思想品德、文化、科学技术教育，组织、带领学生开展有益的社会活动；（四）关心、爱护全体学生，尊重学生人格，促进学生在品德、智力、体质等方面全面发展；（五）制止有害于学生的行为或者其他侵犯学生合法权益的行为，批评和抵制有害于学生健康成长的现象；（六）不断提高思想政治觉悟和教育教学业务水平。"

法律的基础是道德，上述六条教师的法律义务中，无不浸透了道德义务的意味。那么如何理解具体的教师职业道德义务呢？以下分三个部分予以说明。

一、教师的劳动自由与道德义务

（一）对教师劳动自由的理解

教师的劳动自由是教师职业的特性和意义所在，也是教师劳动创造性的保证。所以劳动自由对教师的职业生活意义重大。但是正是因为教师在劳动过程中自由处理问题的空间很大，教师能否自觉履行自己的道德义务，就直接关系到教育事业的健康发展；同时教师在劳动中的自由是以履行教育义务为前提的，没有教育义务就没有教育自由，所以教师的劳动自由与道德义务关系紧密。

教师的劳动是自由的，但自由的劳动抉择中教师往往会遇到这样几种冲突情境：首先是个人利益、爱好与道德义务之间的矛盾；其次是不同道德义务之间的矛盾（有不同的教育义务之间的矛盾，也有一般道德义务与教育道德义务之间的冲突）；最后是教育技术处理过程中出现的一些"虚假冲突"（比如"严格要求"与"热爱学生"之间的矛盾）。在这些矛盾中，除了第三类矛盾主要靠教育能力的提高去解决之外，前两类矛盾都需要教师直接通过提高对自己的职业道德义务的认识去解决。

表面上看，道德义务是自由的反面。包尔生说："就其起源上说，义务本质上是否定的：'你勿'是风俗、法律、义务开初用来反对让自己的冲动走过头的那些人的公式。"①但是恩格斯说："自由不在于幻想中摆脱自然规律而独立，而在于认识这些规律，从而能够有计划地使自然规律为一定的目的服务。"②黑格尔也指出："在义务中个人毋宁说是获得了解放"，"义务所限制的并不是自由，而只是自由的抽象，即不自由。义务就是达到本质、获得肯定的自由"。③ 即使是包尔生本人也认为，我们应当"把义务与爱好之间的冲突视作例外"，因为"义务或道德律的命令是一些表现了一个集体的真正意志的性质和方向的公式"。④

所以义务是真实自由的前提。在教育工作中教师履行自己的道德义务同样是职业自由获得的重要前提。

(二)教师道德义务确立的重要性

教师道德义务确立（即教师认识、履行自己的道德义务）的重要性可以从以下几个主要方面加以说明。

1. 教师道德义务确立可以减少教育活动中的冲突，有利于教育任务的完成

由于种种原因教师在工作中可能只根据自己的"自然愿望"办事，比如在备课、讲课、组织学生活动、协调关系解决工作中的问题等方面尽量少投入精力，这样就会形成与教育事业、学生发展的要求相违背的"冲突情

---

① ［德］弗里德里希·包尔生：《伦理学体系》，298页，何怀宏、廖申白译，北京，中国社会科学出版社，1988。

② 《列宁选集》(第2卷)，150页，北京，人民出版社，1995。

③ ［德］黑格尔：《法哲学原理》，167、168页，范扬、张企泰译，北京，商务印书馆，1979。

④ ［德］弗里德里希·包尔生：《伦理学体系》，298页，何怀宏、廖申白译，北京，中国社会科学出版社，1988。

境"。这一冲突情境如不能正确地加以解决，就不仅会影响教育工作任务的完成，而且会使教师本人处于一种紧张的人际关系和内心压力之中，教师就会失去教育上的"自由"。从主观上解决这一情境冲突的根本方法只能是教师深刻体认自己的教育使命，严格承担起教育道德义务。

我国著名化学家卢嘉锡20世纪30年代在厦门中学做数学教师时，曾经遇到一个学生拿难题（一本国外数学杂志上的悬赏题）"问"自己的事情。卢嘉锡花了九牛二虎之力找到问题和答案（即这本杂志）后心平气和地对学生说："只有状元学生，没有状元先生。我现在虽然在教你们，但还有许多东西自己也不懂，要进一步学习。"学生大为感动。①

卢嘉锡先生之所以能够"化干戈为玉帛"，靠的就是对师德义务的严格践行。

2. 教师道德义务确立有利于教师在工作中进行道德上的"综合判断"

教师在自己的教育过程中常常会遇到义务冲突的情况。有不同的教育义务之间的矛盾，也有一般道德义务与教育道德义务之间的冲突。比如教师可能遇到家庭道德义务与教育义务之间的矛盾，也有可能遇到尊重学生、保守学生的"秘密"和与家长、同事进行适当沟通以采取恰当的实际措施帮助学生的矛盾，等等。在义务冲突明显的情境中，只有对职业使命和道德义务有较为深切和全面理解的教师才能把握大局，进行正确的道德"综合判断"，正确地、恰当地履行教育义务。

3. 教师道德义务确立有利于培养学生的义务意识

约翰·罗尔斯在谈到履行帮助他人义务的重要性时说："这个原则的主要价值与其说要根据我们实际接受的帮助来衡量，倒不如说要根据我们对其他人善良意向的信任感和一旦我们需要他们就会提供帮助的知识来衡量。"②除非是一个腐败透顶、行将就木的社会，否则义务的践行都是

---

① 潘洪亮、董安君、杨丙魁：《情境·教育·启迪——教育学教学例话集锦》，51—52页，郑州，大象出版社，1999。

② ［美］约翰·罗尔斯：《正义论》，288页，何怀宏等译，北京，中国社会科学出版社，1988。

社会和个人存在的前提。教育的使命之一就在于向教育对象展示义务履行的必要。实际上教师对自己义务的严格履行对学生的最大影响也不仅仅在于对学生的直接帮助，而是通过自己对道德义务的履行让学生确立道德上的信心以及自觉履行自己的道德义务的责任感，做一个道德上负责的人。

4. 教师道德义务确立有益于培养高尚的"师格"

康德曾经认为，纯粹出于自然爱好而偶然性地履行的义务不具有道德价值。只有出于道德义务而且克服了"自然爱好"（或非道德冲动）的行为才具有真正的道德价值。这是因为只有面临和经历过道德冲突考验的义务和品质才是靠得住的。教师在履行道德义务时往往会遇到考验道德意志的情境。而每一次道德意志的考验都会提升教师的道德水平。所以苏霍姆林斯基说："恪守义务可以使人变得更高尚。"[1]因此，教师道德义务的真正确立反过来有益于教师的道德动机的增强、道德水平的提高，形成高尚的"师格"。

二、教师道德义务的形态

教师的道德义务形态的讨论一是要理解形态本身，二是要依据形态的研究，讨论如何履行教师的道德义务。

具体的教师道德义务很多。2008 年修订通过的我国《中小学教师职业道德规范》就规定教师应当履行爱国守法、爱岗敬业、关爱学生、教书育人、为人师表、终身学习六个方面的职业道德义务。更为具体地讨论道德义务，实际上就会指向教师的日常工作要求——例如，按时上课，认真批改作业，正确评价学生，与同事、家长交流与合作等。但是这样谈教师的道德义务容易显得琐碎，我们不妨转换为义务形态的分析。我们认为，教师道德义务的形态可以做以下几种分析。

---

[1] ［苏］苏霍姆林斯基：《和青年校长的谈话》，155 页，赵玮等译，上海，上海教育出版社，1983。

（一）一般道德义务与教育道德义务

教师的义务包括"一般道德义务"和"教育道德义务"两个方面。"教育道德义务"与"一般道德义务"的主要区别是前者主要存在于教育行业道德体系之中。

我们知道，教师首先是普通道德生活的主体，所以他有在日常生活中遵守诺言、偿还债务、扶贫济困等一般道德义务，同时教师作为一个特定职业生活的主体又有属于教育工作本身的一些职业道德要求，如诲人不倦、团结协作、为人师表等教育道德义务。如前所述，教师工作的特性之一是教师本身是教育的中介或工具，即教师通过自己的榜样去教育自己的学生。这一劳动特点决定了教师必须正确面对上述两类义务。第一，教师必须比一般人更严格地履行一般道德义务，只有这样，他才能成为真正的道德榜样，成为真正的教育主体。第二，教师更应当严格地履行职业道德义务，努力完成教育任务本身。

（二）显见义务（prima facie duty）和实际义务（actual duty）

将道德义务明确区分为"显见义务"（当然责任）和"实际义务"（绝对义务或实际责任）的是英国现代伦理学家罗斯（William David Ross）爵士。[①] 所谓显见义务是指我们日常生活中能够看到的普遍的常识性的（理所当然的）义务，例如，忠诚、赔偿、感恩、公正、仁慈、自我实现和勿作恶的义务等。而所谓实际义务则表现着我们义务的全部现实，代表着实际趋向我们的义务。实际义务是道德"综合判断"的结果。显见义务虽然是理所当然的义务，但是在实际生活中它可能仅仅是一种"义务假象"。比如遵守诺言就是一种显见义务，在实际生活中我们可能因为道德上的原因不遵守诺言。所以只有实际义务才是真实和绝对的义务。

在教师的工作中我们常常会面临非常复杂的道德境况，一个真正懂得教育义务的教师应当具有道德"综合判断"的能力，只能具体而非抽象地履行自己的职业道德义务。

---

① 万俊人：《现代西方伦理学史》（上卷），330—334 页，北京，北京大学出版社，1990。

与显见义务和实际义务的区别相联系的一个伦理学问题是"绝对命令"和"假言命令""技术命令"的区分。"绝对命令"和"假言命令""技术命令"等是康德伦理学的语言。这一义务的讨论与显见义务和实际义务的讨论有类似之处，不过角度和贡献并不相同。

康德指出："我们永远应当这样地行为，使得我也能够立意要我的行为准则成为一个普遍的法则。"①唯有符合这一法则的意志才是"绝对命令"。而"如果行为之所以善，只因为它是获得别的东西的手段，那么这个命令就是假言的"②。按照科学、方法等行事也是一种假言命令，不过这是一种不考虑目的的义务(例如，医生和谋杀者都使用同一种有毒性的药物)，这一假言命令康德称之为"技术命令"。

康德认为，道德义务实际上只能建立在绝对命令的基础上。建立在假言命令基础上的行为不是道德行为。康德的绝对命令排除了在义务履行过程中将自己排除在外的权宜之计，或者有人寻求特别豁免可能导致的不道德行为的发生。但是康德的绝对命令也有明显的局限性，由于道德情境复杂，我们面对道德两难时，绝对命令就会显得十分抽象和乏力。因此我们在考虑道德义务的具体实践时必须考虑到一些假言命令存在的可能，尤其是应当认识技术命令存在的合理性。道德义务应当是绝对命令和技术命令的结合。

康德理论对教师义务的理解有重要的意义。我们认为，教师的公正、教师的仁慈等道德原则实际上就是教育伦理中的绝对命令。教师不能有任何借口违背这些道德要求。但是依据绝对命令行事需要实际的教育智慧，因此我们需要在践行教育义务时充分考虑"技术命令"，应当具有必要的道德"综合判断"能力。例如，我们前面提到的尊重学生、保守学生的"秘密"和与家长、同事进行适当沟通以采取恰当的实际措施帮助学生之间的矛盾的解决，正确的方式只能是：如果不伤害学生，还是应当采取适当的形式

---

① [德]康德：《道德形而上学基础》，转引自[美]汤姆·L.彼彻姆：《哲学的伦理学》，177—178 页，雷克勤等译，北京，中国社会科学出版社，1990。

② 同上书，182 页。

与家长和同事进行沟通，共同采取措施去解决学生存在的问题。因为很显然，教师对学生的最大尊重首先是对学生健康成长的权利的尊重。

三、教师道德义务的践行

教师道德义务的践行在义务形态分析中实际上已有涉及。我们这里集中讨论与义务践行关系密切的道德责任承担和义务感的培养问题。

现代德国伦理学家石里克指出，人的"自由"有两种，一种是"意志自由"，一种是"行动自由"。"道德所关心的只是后者，这种自由一般说来无疑是为人类所特有的。""一个人的行动如果不是被迫的，他就是自由的。"因此，如果没有一种外来的强制施加到某人身上的话，"这个人就会被认为是完全自由的，并且要对自己的行为负责"[①]。而道德主体的行为不管属于什么性质，只要主体处于自由状态，就有一个对自己的行为负责的问题。

教师在实施教育行为时，从积极的角度看问题，就应当从事业的意义角度考虑自己的行为，自觉履行教师的义务；从消极的角度看问题，则应当意识到自己负有的与教育义务履行与否相关的道德责任。

责任与义务是一对近义词，但又非同一概念。就指人应当实施的行为而言，两者意义相同。但责任与义务不同的是，责任还包括对该行为的结果承担责任的意味，而这一点正是狭义的责任概念的内涵。当然，我们现在所谈的道德责任主要是指对道德行为后果负责意义上的狭义的责任。叶圣陶先生说得好："教师得先肯负责，才能谈到循循善诱，师生合作。"[②]所以，教师的责任意识，对道德责任的承担等对教育义务的践行意义重大。

(一)道德责任的承担

石里克指出："对责任的感觉是假定了像是我自己的欲望驱使我那样自

---

① ［德］石里克：《伦理学问题》，135 页，北京，商务印书馆，1997。
② 转引自王球、钱广荣：《教师伦理学》，181 页，南京，江苏教育出版社，1991。

由地行动。如果因为有了这种感觉，我就情愿因行为有过错而受到责备，或进行自责，并因此承认我可以按另外一种样子行动，那么这就表明其他的行为也是同意志律相容的——当然也就承认有其他动机了。"而有了这样一个心理过程，就"有了使自己改善的动机"①。因此，教师对自己的道德责任的承担对教育工作和教师道德水平的提升都有重要的意义。

道德责任的承担意义重大，但是并不是所有教育上的消极后果都要教师去承担。除了上述石里克所论述的主体处于道德选择的自由状态（即"行动自由"）这一条件之外，教师应当承担的责任还应当有以下几种基本的限定：第一，某一义务是社会和教育事业、教育机构已经提出明确要求的。这一条件是说不能无限地对教师提出承担道德责任的要求。第二，客观环境已经为这一义务的履行提供了起码条件的。比如在没有实验条件的贫困地区的学校，教师就不能承担上严格的实验课的责任。第三，教师具有与履行该义务相关的教育行为能力。小学教师不应当因为回答不了大学课程的内容而惭愧；特定的教师也不能在短期内对学生的后进现状承担完全的责任。

但是在具备上述三项条件之后，教师就应当对自己的行为负责。在教育工作中，无论是直接的道德责任（没有履行教师应当履行的教育义务），或是间接的道德责任（例如教育技能有限而导致的教育效果不佳，但实际上可以转化为直接的道德责任，因为虽然教育技能的提高需要假以时日等条件存在，但一个有严格师德意识的教师有理由尽可能提高自己的业务水平），教师在履行教育义务的活动中，最主要、最基本的道德责任是正反两个方面。正面：教书育人；反面：不要误人子弟。教师应当对此有清醒的认识。

(二)义务感的培养

石里克指出："比起一个人怎样才被认为是该负责任的这个问题来，还有一个更为重要得多的问题，那就是他自己怎样才会感到自己是该负责任的。"②所以讨论教师的道德责任问题的重点也应当是责任感或义务感的

① ［德］石里克：《伦理学问题》，139 页，北京，商务印书馆，1997。
② 同上书，138 页。

培养。

韩愈说："行而宜之之谓义。"朱熹说："义之为义，只是一个宜字。"这一教导实际上至少有两种意味，一是"应该"，二是"适宜"。教师既应该在教育中做师德上应该做的事情，还应当努力采取适宜的方式做这一事情。因此教师道德义务的履行不仅与师德建设本身有关，而且与教师的教育艺术密切联系。

从道德修养的角度看问题，教师培养良好的道德义务感至少要做以下几项主观上的努力。

1. 努力提高自己的道德义务认知水平

大凡对教育义务践行彻底的教育家，都会有较高的对道德义务的认知水平。中国历史上一直流传着孟母三迁和曾参杀彘教育子女的故事。实际上孟母和曾参在教育上严格履行义务的一个重要原因是他们有较高的义务认知水平。苏联教育伦理学家契尔那葛卓娃等人指出："教育道德的知识是教师对于教育道德要求的全面了解，是教师的一种能力。"[①]虽然拥有关于道德义务的知识并不一定会直接导致及时或合适的道德行动，但是对义务的认知，尤其是结合了情感体验的真正的认知，肯定会对教师义务感的增强和教师义务的践行有十分积极的意义。

道德认知的对象不仅仅是对道德义务的认知，还包括对义务践行的实践情境和服务对象的认知。

教育社会学的研究表明，教师的权威有两类，一类是"制度权威"，来源于社会认可，基本上是一个常数；另一类是"实际权威"，来自学生的认可，因教师的职业能力不同而不同。影响教师实际权威的因素有 K（了解、尊重学生）、I（信任学生，处事公正）、E（知识渊博、教学经验丰富）、D（和蔼可亲、关心学生）、B（纪律严明，对学生要求严格）等。随着学生年龄的增长，前三个因素对教师权威的影响上升，后两个因素的作用递减。[②] 因

---

① ［苏］契尔那葛卓娃等：《教师道德》，191 页，严缘华、盛宗范译，上海，华东师范大学出版社，1982。

② 参考吴康宁：《教育社会学》，212—213 页，北京，人民教育出版社，1998。

此教师义务的认知也就包括教师应当依据学生的发展阶段确定履行义务的合适方式。

2. 努力提升自己的教育事业意识水平

要对教育道德义务有较高的义务认知水平，一个重要的条件是有较高的教育事业意识水平。契尔那葛卓娃等人指出："被纳入教师个人知识体系中去的道德，要受到这些知识对它的作用，并在它们的影响下发生变化。它被纳入教师的许多其他信念的体系之中，成为一种信念，并被信念所修正。"[1]教育义务感不可能孤立地存在于主体的价值结构中。当教师有较强的教育事业意识时，教师就会很自然地将教育道德义务视为理所当然的事情，并严格执行。而当教师对教育事业本身毫无热情时，任何道德义务的认知和教育都不可能达到增强教育道德义务感的理想的预期目标。以下是一个美国心理学家记述的一个教育案例，在这一例子中我们不难发现教师严格履行义务的动力之源。

"我曾经观察到教一个犯罪少年的一名教师一天天地来帮助那个笨拙的、愁眉苦脸的、充满敌意的、吵吵嚷嚷的懈怠的男孩学习加法和减法的基本原理。不顾少年的肉体暴力的威胁，难堪的反对，假装生病和跑厕所，教师跟他一起花去规定好了的 20 分钟（一天）。这样，他慢慢说服了年轻人觉得他能够学好，他觉得他可以教会他，他觉得这个小家伙对他十分重要。现在我能够带着极大的兴奋回忆得起来，那天这个孩子出现了弄通算术的第一次真正的闪光，他模糊的眼睛开始放着快乐的光芒。这是在若干星期坚持努力以后发生的。坚韧，而不是娇惯，贡献出教师的爱，看来成功了。这个教师在讨论到这个孩子和他顽固地拒绝学习时，很多次表现出愤怒与厌恶的情绪，因为小家伙曾使他的努力受到挫折。当你读到这些经过的时候，我肯定你认识那种爱是这样——以他人的幸福为中心的爱，如像父母那样，他们乐意跟他们的孩子在一起以帮助他们获得学习的乐趣，以及日后获得一个有

---

① ［苏］契尔那葛卓娃等：《教师道德》，192 页，严缘华，盛宗范译，上海，华东师范大学出版社，1982。

用的公民过着的有成果的生活的愉快，那时，流露出他们的爱。"①

3. 实现教育义务意识向教育良心的转化

教育义务意识还只是一种道德认知为主的道德意识。仅仅有道德认知，义务感还处于较低的水平。要有真正和有效的义务感，教师作为道德义务主体还必须实现教育义务意识向教育良心的转化。因此"更高一级的教育道德意识乃是教师本人遵循教师道德要求的愿望，是形成他的意志、成为他个人兴趣的内容的需要。当教育道德的规范成为个人的要求和分内事，成为他的愿望和兴趣时，那么他们就会调动起他的思想、情感和意志，按这些规范去做。教育道德的要求将成为他本人的稳固的品质……"②实现教育道德义务意识向教育良心转化的实质，就是要达成真正的教师道德义务践行上的主体自由！

教育义务与教育良心的联系也是我们下一专题的研究内容。

思考题

1. 什么是义务？道德义务与非道德义务的区别有哪些？

2. 道德义务形成的客观因素和主观因素有哪些？

3. 教师道德义务的确立有何重要性？

4. 一般道德义务与教育道德义务，显见义务和实际义务有什么区别？

5. 教师承担的道德义务应当有哪些条件的限定？

6. 怎样提升教师的道德义务感？

---

① 林格伦：《课堂教育心理学》，670 页，昆明，云南人民出版社，1983。

② ［苏］契尔那葛卓娃等：《教师道德》，192 页，严缘华、盛宗范译，上海，华东师范大学出版社，1982。

专题六
教师良心论

对于道德实践来说，最好的观众就是人们自己的良心。

——西塞罗

良心是与公正、仁慈和义务等概念有密切关系的范畴。首先，良心与公正、仁慈有密切的联系。良心以公正与仁慈为基本准则，又对公正与仁慈原则的落实有支持作用。良心就是要使人爱其所爱，恨其所恨，具有是非感与正义感，具有"恻隐之心"。良心可以视为公正、仁慈原则等的内化。良心不仅包括正义感，而且含有仁慈。其次，良心与义务也是既有联系又有区别的范畴。良心是对道德义务的内心体认。所以义务是主体良心体认的对象而非良心本身。良心具有强烈的主观性质。但一旦义务转化为良心，则义务对人的要求就可望得到真正的落实。这是因为，良心具有主体自由的特质，而义务则具有相对强制的特征。

弗里德里希·包尔生说："履行善就意味着履行义务，而我们的义务看来并不符合自然的意志，因此在义务和爱好之间就有一种冲突。在行动之前，义务的情感反对爱好；它作为阻止物而活动；在行动之后，如果爱好在行动中胜过了义务的情感，义务就做出谴责：说做爱好以为善的事情是坏的。对于我们本性中这种反对爱好和在责任和义务的情感中表现自己的东西，我们称之为良心。"[1]

包尔生还指出过："确实没有人会相信：一个民族，倘若它完全缺乏我们称之为风俗和良心的东西，缺乏个人在其中通过审慎和畏惧控制自己行为的东西，能够支持哪怕一天以上。"[2]苏霍姆林斯基则说："压抑自己良心的声音，这是很危险的事情。如果你养成一种对某件事情毫不在乎的习惯，那你很快就会对任何事情也都满不在乎。"[3]所以，良心无论对社会的健康发展还是对个体的道德生活都有极大的意义。教师的职业良心是教育工作的重要动力和调节机制所在。教育良心是教师职业道德的重要范畴。

---

[1] ［德］弗里德里希·包尔生：《伦理学体系》，291 页，何怀宏、廖申白译，北京，中国社会科学出版社，1988。

[2] 同上书，312 页。

[3] ［苏］苏霍姆林斯基：《给儿子的信》，6 页，张田衡等译，北京，教育科学出版社，1981。

第一节　何谓良心

一、良心概念

"良心"（conscience）是一个古老的伦理概念。《孟子》中将恻隐、羞恶、恭敬、是非之心称为良心，主张人应当注意找回被流放的良心。① 朱熹则将良心视为宰制人心的"道心"。王阳明将良心看作澄澄朗朗的"本心"。英文中的"conscience"来源于拉丁文的"conscire"，意即"知道"。以后知行合一，就有了按良心办事的意思。在弗洛伊德的心理学中，良心就是"超我"制约"自我"的人格命令的一部分。

道德意义上的良心是一种道德心理现象，是指主体对自身道德责任和道德义务的一种自觉意识和情感体验，以及以此为基础而形成的对于道德自我、道德活动进行评价与调控的心理机制。要对良心范畴有正确理解，需要对良心的构成、性质等有正确的认识。

（一）良心的构成

从心理结构上说，良心有三种主要的构成成分，即认知、情感、意向。

1. 良心的认知成分

良心首先是一种对于道德责任和道德义务的认知。一个"有良心"的人，实际上就是一个对自己应当做什么和不应当做什么有理性和明确的自我觉悟的人。马克思说："理性把我们的良心牢附在它的身上。"②良心也只有凭借对道德责任和义务的内化的认知，才能对人的行为作出评价和调控。

2. 良心的情感成分

良心还表现为一种情感的体验。从某种意义上可以说，良心主要是一种情感体验。我们知道，良心的自我评价和调控之所以有效，在作用方式

---

① 《孟子·告子上》。

② 《马克思恩格斯全集》（第 1 卷），134 页，北京，人民出版社，1956。

上讲，就是它凭借的主要是情感武器。当主体选择一种合乎良心的行为时，主体获得一种欣慰、自豪和愉快的积极的心理愉悦感受；相反，当他的行动违背自己的良心时，则会产生一种不安、自责、愧疚的消极的情感体验。同理，当主体遇到一种合乎人性和道德的事情时，他会发自内心地予以赞许、敬佩和羡慕等；相反则会产生鄙夷、轻蔑和厌恶的情感。积极和消极的情感体验是良心的重要组成部分。正是由于良心的情感作用机制的作用，良心才能成为道德秩序的保证。

3. 良心的意向成分

意向是良心的认知和情感的自然延伸。有了一定的道德责任的认知和情感，就必然会对行为起心理上的动机引导作用，更进一步，还会产生一定要如此的意志力。许多人正是凭借着这种所谓"天理良心"的体认克服艰难险阻去努力践行道德的。不过，良心结构中的"意"，首先是"意向"的"意"，其次才是"意志"的"意"。这是因为许多情况下良心只表现意向而不表现为意志，或者只有意向而没有意志的参与。而且，良心所具有的意向成分具有较大的自由特性，与那些由纯粹外力产生的强制性的意志力有明显的感受上的差异。

(二)良心的特质

良心具有内隐、神圣和基本的性质。

1. 良心的内隐性

内隐性或先验性可以理解为良心的一种特性。内隐性是说良心是深藏于人心之中的，虽然平常并不外显，但涉及道德行为，尤其是当涉及利益与义务冲突的行为时，良心就会内在地发生作用。

古罗马的西塞罗说："对于道德实践来说，最好的观众就是人们自己的良心。"[1]而斯多葛派的观点则是，良心是"人内的神"，"圣神居在你的心中，他是我们做坏事的监督人，好事的防卫者"。[2]

---

[1]　[古罗马]西塞罗：《论辩集》，转引自魏英敏：《新伦理学教程》，452—453 页，北京，北京大学出版社，1993。

[2]　转引自魏英敏：《新伦理学教程》，452—453 页，北京，北京大学出版社，1993。

由于良心是内隐的东西，所以人们往往认为，它的产生具有某种意义上的与生俱来的先验性。卢梭说："在我们的灵魂深处生来就有一种正义和道德的原则，尽管我们有自己的准则，但我们在判断我们和他人的行为是好还是坏的时候，都要以这个原则为依据。我把这个原则称之为良心。"①所以，黑格尔认为良心是一种先验理性。孟子也说："人之所不学而能者，其良能也；所不虑而知者，其良知也。孩提之童，无不知爱其亲者，及其长也，无不知敬其兄也。"②程颢则干脆说："良知良能皆无所由，乃出于天，不系于人。"③中国古代一直有"天良"之说。我个人的理解是：天良之"天"，一是合乎天理，二是先天得来的意思。正是因为良心对于个体而言具有这种内隐和先验的性质（对于个体是先验的良心，对于人类社会的整体实践来说当然是后天的），所以良心的作用方式就往往是潜在的和内在、自然的，自律性较高。

内隐性也使道德个体的良心往往有被遮蔽的可能，孟子之所以要求"求其放心"，奥古斯丁、卢梭等历史伟人之所以要写《忏悔录》，都是要拂拭掉遮蔽美好人性的尘垢，袒露和维护人之为人的良心。

2. 良心的神圣性

神圣性的含义在此是指良心可以带来主体的神圣体验的意思。一些伦理学家曾经拒绝对良心的历史和心理学等科学的解释，认为这一解释的危险在于剥夺了良心的神圣性。④ 实际上神圣体验的真实源泉是主体在道德关系和道德生活中所获得的自由感和意义感。简单地说，就是一种人性"伟大"的感受。对于某些有宗教信仰的人来说良心的召唤就是神的启示，按良心办事，当然也就是践行天命。对于没有宗教信仰的人来说，按良心做事实际上就意味着主体摆脱外在的强制，获得某种心安理得的自由、欣慰和

---

① ［法］卢梭：《爱弥儿》，414 页，北京，商务印书馆，1983。

② 《孟子·尽心上》。

③ 《程氏遗书》卷二。

④ ［德］弗里德里希·包尔生：《伦理学体系》，311 页，何怀宏、廖申白译，北京，中国社会科学出版社，1988。

做人的尊严与荣耀感。当然，一旦道德主体违背良心，也就会产生有背天地良心的感觉，就会有心虚、自卑和自责等与神圣感相反的体会。所以王阳明说"良知在人，随你如何，不能泯灭。虽盗贼亦自知不当为盗，唤他作贼，他还忸怩"①。

良心的神圣性来自道德主体所拥有的人生信念和人格理想。包尔生说，每个民族都有自己关于人格的"完善形象"。"这些形象占据了个人的意识，塑造了他的性格和意志。他按照理想衡量自己的行为，当他没有达到它时感到痛苦，他接近它时则感到快乐。"②

3. 良心的基本性

良心是主体对于责任和义务的自觉意识和情感，但并不是所有的义务和责任都会成为良心所观照的范围。良心往往是那些最基本和最起码的义务或责任的反映。正是因为是最基本和最起码的道德责任的反映，所以当人违背这一基本义务、准则时才会感到深刻的自责。超出最基本的要求的义务当然也是道德的应然。不过这往往表现为一种英雄或崇高的行为，大多数人并不认为是良心要求的范围。当然，不同的主体对自己的良心界定是不一样的。虽然大多数人所谓的良心并不要求人做道德上要求很高的英雄行为，但那些人格修养达到一定境界，以天下为己任的人，其良心所自觉的义务范围也可以达到较高的水平。由此可知，良心是有层次或境界上的不同的。良心的基本性质并不妨碍较高的道德追求。

二、良心的形成

良心的形成大体上可以从社会和个体两个方面去观照。这就至少涉及习俗和信仰两个问题。

(一)良心与习俗——良心是一种"世袭智慧"

达尔文曾在《人类的由来》中描述过一个动物的故事：一只正抚养幼子

---

① 《传习录》下。
② ［德］弗里德里希·包尔生：《伦理学体系》，315 页，何怀宏、廖申白译，北京，中国社会科学出版社，1988。

的母犬看到主人准备去打猎时犹豫了一会儿，最后还是溜到自己的孩子那里去了。然后在主人回来时，它作出种种惭愧的表示，非常热情地去迎接他。达尔文认为，这是动物的本能和某种习惯性的气质之间的斗争。母犬的行为是一个获得性的习惯和天生的原始冲动之间冲突的结果。动物的这种获得性的习惯正是人的义务感、忏悔等产生的源头。①

人的良心显然也是一种获得性的心理现象。包尔生认为，良心是从习俗中获得的，可以"把良心定义为对风俗的意识或风俗在个人意识中的存在"②。"无论谁想加入他的民族的理智生活，都必须说这一民族的语言和遵循这一民族的规则；无论谁想加入他的民族的道德生活，也必须遵守这一民族的风俗和听从他良心的指令。他必须这样做，因为这个民族的态度也就是他的良心……"③由父母、教师、社会生活圈、法律、宗教等的权威使个人在习俗中长大，并根据社会的普遍意志调整、形成自己的个人意志——这就是所谓的良心。马克思则指出："良心是由人的知识和全部生活方式来决定的。"④马克思等人实际上是更加全面地解释了良心的本源。因为，社会生活方式，包括生产方式显然又是习俗的基础。

当然，社会生活、习俗等与个体良心的形成有关，千百万年的社会生活对于整个人类道德心理形成也有重大影响。作为一种获得性遗传，人类个体在心理上具有某些向善的性质。这种向善的性质是个体之所以能够在后天接受习俗影响的心理前提。所以我们前面所说的良心的先验性是对个体而言的。如果从社会生活对人的历史和社会影响角度来说，那么良心显然是后天的、实践的产物。所以正如包尔生所言，良心是一种"世袭智慧"。⑤

---

① ［德］弗里德里希·包尔生：《伦理学体系》，292页，何怀宏、廖申白译，北京，中国社会科学出版社，1988。

② 同上书，310—311页。

③ 同上书，93页。

④ 《马克思恩格斯全集》（第6卷），152页，北京，人民出版社，1961。

⑤ ［德］弗里德里希·包尔生：《伦理学体系》，312页，何怀宏、廖申白译，北京，中国社会科学出版社，1988。

(二)良心与信仰——道德的核准机制

良心的形成，从本源上说，是道德习俗等的产物。但是良心作为一种非常个体化的心理现象，绝不仅仅是习俗向个体的简单转化。个体自身的主体状况也起到非常重要的作用。"良心从根源上说是风俗或客观道德在个人意识中的表现，它本质上是作为一种对偏离常规的特殊意志冲动的阻止物而活动的。但是这并不是它的最后和最高的形式。它还执行一种更为积极的功能，反映完善生活的理想。"[①]良心一方面反映完善生活的理想，另一方面依靠这一理想核准自身。生活理想是道德义务和良心之所以能够给主体带来神圣性的内在源泉。所谓"天良"，"天"对"良"有佐证和核准的作用。所以在良心的形成或修养过程中，信仰因素的作用是不可或缺的(当然，信仰等的本源我们也必须到生活中去寻找，但那是另外一个维度的问题)。对终极价值的信仰既使良心能够形成，又使良心具有道德上的神圣性。良心可以理解为道德实践中道德核准机制不断作用的沉积物。

三、良心的作用

(一)良心作用的彻底性

良心对行为的道德调节的作用的特性之一是它的彻底性。彻底性的第一个表现是在作用的深度上。"对于道德实践来说，最好的观众就是人们自己的良心。"用中国传统的伦理语言来说，良心最易使人"慎独"。

《礼记·中庸》中说"莫见乎隐，莫显乎微。故君子慎其独也"。但如何做到"莫见乎隐，莫显乎微"的慎独呢？良心的作用十分关键。《诗经·大雅·抑》中说："相在尔室，尚不愧于屋漏。"这是说看看你一个人独处屋中时，即使房门紧闭，你也仍然要提防"屋漏"(屋漏在古代是指室内西北角北墙上的小窗，人在此处独处时没有别人监督，但古人认为上天会透过小窗监视，因此不能面对苍天起邪念)。亦即，"天眼"是无时不在地注视着你的。实际

---

① ［德］弗里德里希·包尔生：《伦理学体系》，315 页，何怀宏、廖申白译，北京，中国社会科学出版社，1988。

上对每一个个体而言，这一"天眼"只能是自己的天良或良心。

良心作用的特色之一是使人无处遁形。比较一下良心的这种内在和深入的制约与许多外在的制约手段（比如法制）、义务要求的区别，就不难看出，良心的作用是最有效的。

良心的作用的彻底性还表现在其作用的时间维度上，亦即，良心对人的调节表现在行动之前、行动之中和行动之后。在行为发生之前，良心的作用表现为对动机的发动、评判和监督。人的行动除了受客观条件的制约之外，最主要的是主体的动机。良心使主体产生必须做某事的动机，同时，良心还会产生对于动机的监督和评判，对于合乎道德的行为动机予以肯定，对于违背道德准则的冲动产生抑制和否定的作用。在行动之中，良心作用的表现是针对行为的监督和调节。良心不断对个体的行动进行监察，对合乎道德标准的情感、意志和行为方式予以支持、鼓励。相反，则予以制止、调整，对一些情感、行为上的偏私，良心则及时提醒，要求主体予以纠正。俗语中说的"良心的发现"，就是这个意思。在行为结束之后，良心仍然会起作用。对于履行了良心所首肯的道德义务的行为，良心使主体感到欣慰、满足和自豪；对没有能够按照道德法则行事或效果不佳的行为，良心让主体感到不安、惭愧、内疚甚至悔恨。所以良心是道德人格的重要构件，也是道德人格的忠实卫士。"没有良心"的人，肯定是道德人格上有严重疾病的人。

（二）良心作用的方式

良心有直觉和理智两种作用方式。或者我们也可以说，有两种良心：直觉和理智的良心。

良心的直觉作用是指良心可以以直觉、顿悟、预感等瞬间完成的方式起作用。当个体面临某种道德情境时，良心会以莫名其妙的不安或突如其来的使命感或荣誉感的方式使人迅速作出道德的抉择。良心的直觉作用来源于社会历史形成的人类的社会性心理遗传，以及道德活动的环境和经验给个体带来的知觉定势。当道德问题发生时，个体可以以不假思索的方式完成道德判断与决定。良心的理智作用方式则是指经过道德认知和道德情感的冲突，主体作出深思熟虑的理性的判断和抉择。良心的理智作用往往发生在道德要求与主体的欲求或偏好发生矛盾的时候。这时良心会"自己与自己打官司"，最终形成道德抉择，努力使主体按良心办事。

良心的直觉和理智的作用方式有很大的差异，最突出的一点是直觉作用更多地诉诸情感，而理智作用更多地诉诸理智。但是良心是道德责任的内化的本质并没有改变。因此心性修养对于两类良心或良心的作用方式的形成都具有决定性的意义。

第二节　教师的职业良心

一、教师的职业良心的意义

教师的职业良心就是教育良心。它指的是教师在教育实践中对社会向教师提出的道德义务的高度自觉意识和情感体认，自觉履行各种教育职责的使命感、责任感，和对自己的教育行为进行道德调控和评价的能力等。任何职业良心的意义都主要体现在对职业以及对从事这一职业的主体自身的价值两个方面。教师的职业良心也主要体现在这样两个维度。

(一)良心对教育工作质量的促进作用

教师的职业良心对教育行为的调控作用表现在教育过程的全部环节中。在教育工作开始之前，教师的良心会行使对准备采取的教育行为的"预审权"。教师的良心会问教师自己："这样的行为合适吗?""这样的行为有益学生成长吗?""他会受到伤害吗?"等。在实际教育过程之中，教师的良心则会努力行使"监察权"，它会提问："预期的行为有应有的效果吗?"如果没有，良心会引导教师采取措施上的调整。教育活动结束，良心会行使"鉴定权"。教育良心对特定教育行为或褒或贬，教师也就或者自豪，或者忏悔。教育良心因此就成为教师职业道德和职业技能水平提高的最好的导师或学校。

我们在谈及教育劳动的特点时早已提及，教师的具体劳动过程具有个

117

人性和自由性。由于教师劳动的个人性和自由性，教师的劳动就表现为"良心活"的特点。即干多干少，认真还是勉强地完成任务，只有自己知道。良心作为一种道德自律机制对教育工作的质量能够起十分关键的促进作用。此外良心也会使教师拥有较高尚的人格，对学生本身有教育意义。

(二)教师良心对于职业生活的精神意义

教师的职业良心实际上意味着一种自我评价机制的存在。在实际生活中教师常常会遇到社会、学校、同事甚至学生的不公正的对待，会面临许多矛盾。教师的职业良心一方面抚慰自己，对自己的职业生活作出公正的评判；另一方面则要求教师即使是遇到较大的委屈时仍然能够按照职业良心的指示行事，做到所谓的"事业为重"。所以教师的职业良心是教师精神人格的保护神，是教师鞠躬尽瘁、积极耕耘的重要精神支柱之一。

二、教师职业良心的内涵与特点

(一)教师职业良心的内涵

教师的职业良心可以表现在教育工作的每一个环节。其主要的内涵，我们认为有这样四个方面：恪尽职守、自觉工作、爱护学生、团结执教。

1."恪尽职守"实际上就是一种工作责任和纪律的要求

教育工作中的"恪尽职守"，重要内涵主要是两条。第一条是从职业规范上说的，教师的良心要求教师应当遵守工作纪律，按照社会和教育事业对教师的要求尽职尽责。比如，认真备课、上课，遵守工作时间及其他工作规范等。第二条是从教育效果上说，职业良心要求教师不能误人子弟，要尽全力取得最佳的教育效果。做不到这两条就是某种意义上的玩忽职守，就会受到职业良心的谴责。

2."自觉工作"的要求是由教师的劳动特点决定的

首先，教师的教学行为具有个体和自由的特性。"慎独"的美德十分重要，因为教师的工作多数情况下都是无人监督的。虽然要面对教育对象，但由于学生的未成熟性和师生关系的不对等性，学生往往也没有全面监督教师工作及其质量的能力。其次，教师的工作在一定意义上是没有边界和限度的。比如教师不仅要完成校内的工作，而且应当与家长、社区等方面建立教育联系。这一联系需要教师大量的精力上的投入。怎样才算践行了使命，我们无法进行明确的界定。又如，"教"无止境。除了基本工作之外，怎样做才算完成了教师的任务，也完全由教师主观决定。所以，教师能不能自觉要求自己是教师工作成败或效能高低的决定因素。教师必须有自觉工作的良心。

3."爱护学生"是教师的天职

教师对学生的爱护有其职业上的特点。这就是他必须对教育对象的成长负责。教师对学生的爱不同于一般的亲朋之爱，主要表现在为学生"传道、授业、解惑"上。教师的教学质量成为是否真正爱学生的最重要的标志。苏联教育家列·符·赞科夫说得好："不能把教师对儿童的爱仅仅理解为用慈祥的、关注的态度对待他们。这种态度当然是需要的。但是对学生的爱，首先应当表现在教师毫无保留地贡献出自己的精力、才能和知识，以便在对自己学生的教学和教育上，在他们的精神成长上，取得最好的成果。因此，教师对儿童的爱应当同合理的要求相结合。"①此外，教师对学生发展中存在的这样或那样的问题，不能够采取放任的态度，并且，教师在纠正学生的缺点时又必须充分考虑到不能挫伤他们的学习积极性，抑制他们的个性成长。现代社会对于个性发展的要求比以往更高，教师良心中对个性培养的要求也会比以往更高。

4."团结执教"也是教师良心要求的重要组成部分

教师的劳动从其活动过程来看具有明显的个体性，但教育效果的取得却是集体性的。学生的人格成长，学生的知识及心智水平的提高都是教师群体合力劳动的产物。所以教师的同侪关系不仅是一般的同事关系，而且是一种职业道德的本质要求。教师同事关系方面的良心不是一般人际关系方面的良心，而是职业良心的直接构成部分。所以，"应当有这样的教师集体：有共同的见解，有共同的信念，彼此间相互帮助，彼此间没有猜忌，

---

① ［苏］列·符·赞科夫：《和教师的谈话》，30页，杜殿坤译，北京，教育科学出版社，1980。

不追求学生对个人的爱戴。只有这样的集体才能够教育儿童"①。

教师良心的上述四个方面，分别反映了教师与社会、教师与自身、教师与学生以及教师与同事之间的道德关系。这四个方面的联系是，它们共同反映了教师对教育事业的责任和义务意识、情感等。教师的良心与教育事业有必然的联系。

(二)教师职业良心的特点

教师职业良心与其他职业良心相比，有两个主要的特点：

1. 层次性高

所谓层次性高，是指由于教师劳动的崇高性质，以及教师本人往往对这一崇高的职业及其要求有较高的自觉，教师良心在境界上高于一般的职业良心。具体表现是，第一，现代教师经过职前教育和继续教育，都有对于教育道德义务的较高的自觉性。第二，教育良心的调整范围广泛，要求较高。我们知道，许多其他职业道德规范允许的行为，教师未必认为是合适的。比如着装，社会人士可以着时装，而教师的服装却必须庄重、大方，相对保守，才不至于影响或分散学生的注意力。又如，教师的言谈举止，必须力求反映较高的文化和道德修养，否则就不足以垂范于学生，等等。教师只有合乎这些职业道德的要求，才能心安理得。苏联教育家加里宁曾说："为了真正地进行教育，不仅要很好地熟悉自己的业务，而且要有纯洁的灵魂。"②虽然教师也是普通人，但职业良心却时时提醒教师为人师表所必须注意的较高修养要求。这是教师良心的重要特质。

2. 教育性强

所谓教育性强，是指教师良心的榜样作用和判断教育良心的最终标准是看良心是否真正符合教育事业的要求。对于教师职业良心的榜样或教育作用无须作更多的说明。我们这里重点说明一下教育良心的标准问题。良

---

① [苏]马卡连科：《论共产主义教育》，305 页，刘长松、杨慕之译，北京，人民教育出版社，1981。

② 转引自王正平、郑百伟：《教育伦理学——理论与实践》，202 页，上海，上海教育出版社，1998。

心往往处于直觉状态，即使是理智状态下，良心也仍然具有较多的情感抉择的特性。同时，良心本身仅仅是作为主体对道德义务的一种自觉而存在的，落实良心的要求的行为方式是多种多样的。所以良心本身及其落实的方式都需要在良心之外寻找最终的检验标准。检验教师良心的最终标准当然只能看良心所做的判断是否有利于对学生的教育。比如，教师面对非常顽皮的学生容易产生惩罚的念头。有的教师还会"凭良心"采取那种饮鸩止渴的体罚的方式。体罚等方式看起来有立竿见影的效果，但是它显然不利于教育对象的身心发展，也不利于真正的教育效果的产生。所以即使体罚是凭良心的抉择，也不意味着它仅仅合乎个体的良心冲动自然就是正确的。

三、教师职业良心的形成与修养

不同的教师往往会有不同的教育良心。有的对教育使命和责任的觉解透彻，良心的水平以及对教育行为的调节水平较高。有的则良心的水平较低。所以，讲教师的良心不可不讲教师的教育良心的形成和修养。

(一)一般良心、个人良心与职业良心

良心在社会生活中可以呈现不同的层次或者类型，比如有一般良心、个人良心与职业良心。一般良心既与个人良心相对，也与职业良心相对。所谓一般良心是指良心中最一般、最基础和最普遍的内容。

孟子曰："恻隐之心，人皆有之；羞恶之心，人皆有之；恭敬之心，人皆有之；是非之心，人皆有之。恻隐之心，仁也；羞恶之心，义也；恭敬之心，礼也；是非之心，智也。仁义礼智，非由外铄我也，我固有之也，弗思耳矣。故曰：求则得之，舍则失之。"[①]

孟子这里所言的恻隐、羞恶、恭敬、是非之心就是一般人都应当具有的起码的同情心、耻辱感以及对人的应有尊重和对事情的理智判断等。恻隐、羞恶、恭敬、是非之心等，在不同个体及不同的职业行为中表现不同，但却是所有个体与职业良心的基础。比如一个对一般人有正义感和爱心的

---

① 《孟子·告子上》。

教师，就容易将这些道德品质"迁移"到师德领域中去，形成教育的正义感、对学生的爱心等职业良心的品质。但是一般良心只是良心的普遍性，道德良心并不是机械的东西，它具有生动性、具体性，所以良心又有道德主体的个体特性。个人良心就是个体基于其自身的道德生活在道德认知、情感等方面的不同体悟而形成的带有个人具体特质的良心内容。职业、年龄、性别等都是形成个人良心的重要因素。比如从年龄上看，儿童重敬畏，青年重羞恶，中年重是非，老年重辞让。又比如从性别上说，女性较多表现为恻隐之心，男性重于羞恶和是非之心。个人良心中必然有一般良心的成分；一般良心最终总是要落实在具体的个体身上成为有个人特色的个人良心。

教师的良心也具有一般和个人特质两个层面。不过，作为一种社会职业群体，教师的一般良心和个人良心当然也都会受到职业生活的影响，形成职业良心。职业良心是主体对职业生活中道德义务、责任等的认知和情感上的自觉。教师在教育劳动中也会有对教育道德义务和责任的认知与情感上的自觉。这一自觉可以划分为两个层次。一是职业良心的一般层次。在这一层次中教师有许多对必须完成的任务和责任、规范等的自觉意识。不这样做，教师就会不安、愧疚。原因仅仅是他是一名教师。我们谈论教师的良心时，常常是讨论一般的教师良心。不过教师都是具体的，所以一般的教师良心或教育良心也就总是要落实到具体的个人身上，形成具有个人特色的教师良心。同为人师，不同个体对教育责任和道德义务的觉解并不同一。不同的教师有特色不同和水平不一的职业良心。个体职业良心的形成过程可能是自发的，也可以是自觉的。对教师职业良心的修养则是一种教师个人自觉提升良心水平的方式。

（二）教师良心的形成与修养

"教师良心的形成"有两个方面的内涵。一是整体意义上的教育良心是如何形成的（它是社会生活、教育工作中道德关系的反映等）。二是教师个人是如何形成自己的职业良心的。这里我们主要着眼于后一个角度。从教师个体职业良心形成的角度看，教师的职业良心首先会受到社会生活和群体的影响。这一影响的最直接的因素可以归纳为以下三个方面。

1. 社会状况对良心形成的作用

一个正义较多、道德水平较高的社会，会自然对每一位社会成员的职业道德提供涵养的环境和舆论的保证，从而有利于职业良心的形成。一个对教师在精神和物质方面都给予恰当的尊重，人人恪尽职守的社会氛围，显然也有利于教师形成较高水平的职业良心。

2. 教师的同侪群体对个体教育良心的形成作用更为直接

实际上良心的形成很大程度上是一种习俗的传承。教师对教育道德关系和道德要求的认知大多是通过工作环境的潜移默化去获得的。"近朱者赤，近墨者黑。"如果教师的同侪的职业道德水平和教育道德的传统的质量较低，就不利于教师的职业良心的形成与提高。

教育社会学研究表明，新教师在任教数月后，其教育态度与任教学校同事的相似性便已大于与受教学校教师的相似性。任教学校显然是比受教学校更具重要影响的教师职业社会化机构。任教学校的校长、同事形成的教师群体的职业亚文化与教师职业社会化之间有密切的联系。① 所以教师的同侪群体对个体教育良心的形成作用十分重要。

3. 教育对象也会以舆论的形式参与教师良心的修养

由于教育活动的特殊性，教师劳动的意义必须在教育对象身上才能获得。所以学生的尊敬、赞扬或蔑视、批评对教师的道德行为会起非常大的制约作用。这种制约最终也会长久影响教师的职业良心的形成。一个善于修养的教师肯定会以"学生"为鉴。此外，从较为自觉的层面上说，直接或间接的师德教育也是社会生活对个体教育良心形成的重要影响因素。除了自修，自觉接受有关部门提供的师德教育也是教师良心修养的重要方式。

教育良心形成的上述因素实际上就是一种道德情境的作用。日本的教育社会学家的研究发现，为期 6 周的教学实习对实习生的儿童观、教育观

---

① 吴康宁：《教育社会学》，219—220 页，北京，人民教育出版社，1998。

和职业意识的培养效果远大于为期 15 周的教育与心理理论课程的学习。[①]所以在教师的职前培养过程中，怎样提供更多的实际体验的机会，是教育良心养成的一个重要的策略。

当然，教师不能仅仅被动地接受情境的影响，还应当主动地体验这一情境中的价值、义务因素并加以内化。所有的良心，包括教师职业良心的形成受社会生活及群体的影响，更受自身修养的制约。这首先是因为良心是一种"自律性"的心理现象，离开主体自身的自觉认知和情感体验的道德良心是不可思议的。所以教师在知、情、意三方面进行自我修养十分重要。

所谓"知"，就是不断提高自己的教育责任和使命等意识；所谓"情"，就是要不断加强自己的职业道德情感的涵养，爱其所当爱，恨其所应恨；所谓"意"，是指道德意志力的培养。当道德良心受到挑战时，意志力是最关键的因素。正如苏霍姆林斯基所说的，"压抑自己良心的声音，这是很危险的事情。如果你养成一种对某件事情毫不在乎的习惯，那你很快就会对任何事情也都满不在乎"。中国古代伦理思想中有许多修养的方式，诸如尚志、静虚、省思、知行合一等，都值得教师在良心修养过程中加以借鉴。

教师的职业良心的自我修养之所以重要，还有一个十分重要的理由就是前面提及的教师职业良心的"教育性"。教师的职业良心如果不同教书育人的最高目标和必要的教育技能相结合，就会成为一种不可捉摸的充满随意性的东西，存在危害教育目标的可能性。因此教师必须围绕职业良心做必要的精神和业务的准备。最后，良心与理想或信仰的联系也决定了教师道德修养的重要。只有有自己的人生和人格理想并对自己的这一理想负责的教师，才会有较高的道德水平或良心的境界，教育良心的作用才会更彻底，水平更高。换言之，教师的良心修养的重要内容应当是社会理想、教育理想和教育信仰等方面的综合修养。

---

① 吴康宁：《教育社会学》，218 页，北京，人民教育出版社，1998。

思考题

1. 良心的构成和特性各有哪些？

2. 良心作用的彻底性及良心作用方式有哪些？

3. 良心是怎样形成的？

4. 教师的职业良心有何作用？

5. 教师职业良心的内涵和特征是什么？

6. 如何形成教师的职业良心？

专题七
教师人格论

伟大的奥秘在于，作为充满活力的人度过一生。

——[法]阿尔贝特·施韦泽

如果说教师的幸福是教师道德生活的起点与目标，教师的公正、仁慈、义务、良心构成教师伦理范畴的经纬，那么连接经纬形成的最终结构就是教师的人格。与此同时，动态连接各道德范畴的桥梁或中介是道德修养，而道德修养的直接目标也是道德人格的建设，因为所有的修养条目最终都是整体人格建构的一部分。教师要"学为人师，行为世范"①，其人格与师格的建设更是涉及教育事业的发展和教育工作质量的大事。所以，教师的人格修养十分重要。本专题试图以教师的道德人格的建设为主要线索，讨论教师的职业道德修养问题。

第一节 人格与教师的人格

一、人格范畴

人格一词的英文是"personality"，源于希腊文"persona"。在希腊文中，"persona"的意思是"面具"。在古希腊，演员们戴上不同的面具以突出表现不同戏剧角色的典型性格，如"高傲的人""奸诈的人"等，类似于我国戏剧艺术中脸谱的作用。所以，在心理学中，"personality"也被译为"个性"，具体解释为："个性也可称人格。指一个人的整个精神面貌，即具有一定倾向性的心理特征的总和。"②而依据马克思在《黑格尔法哲学批判》中的观点，"'特殊的人格'的本质不是人的胡子、血液、抽象的肉体的本性，而是人的社会特质"③。

从人格源于戏剧用的面具等方面的阐述我们可以看出：第一，人格与一定的行为表现联系在一起，人们总是通过听其言、观其行来了解、把握一个人的人格。人格就是某种外显的行为模式和人物形象。第二，惯常的行为与一个人的精神面貌、思想与道德境界等社会特质密切相关。人格就

是人的个性与品位。第三，从时间的角度看，人格是一个人的稳定的、有连续性的特性的综合。一个人可能在不同的情境中有不同的表现或状态，但万变不离其宗的是所谓的"人格"。正是因为人格的这一稳定性，人格的塑造与改造才有突出的意义。

人格一词广泛用于心理学、伦理学、法学、人类学等不同的领域，其含义也往往有所不同。比如法律意义上的人格就是指一个人作为权利和义务（尤其是政治权利与义务）主体的资格。在一定社会（如奴隶社会）中一些人往往没有这种法律上的人格。人类学意义上的人格则是指人类个体特殊的生存方式及与之相关联的自我认同和他人首肯（例如，"现代人""古代人""东方人""西方人""因纽特人"，等等）。我们所要探讨的人格概念当然是道德人格。为了揭示道德人格的意义，这里我们主要比较一下伦理学意义上的人格与心理学上的人格概念。

首先，伦理学与心理学对人格的解释是有很大的不同的。完全从伦理或道德的语境谈人格与心理学的人格概念相距甚远。比如从道德上讲某某人"无人格"是可以的，"无人格"之"人格"等同于道德品质或德性，这与心理学上的人格概念大相径庭。就是说，人人都有心理学意义上的"人格"。

但是，伦理学上的人格与心理学的解释并不是毫无共同之处的。台湾师范大学贾馥茗教授认为："所谓健全的人格，心理学家同意是能够正视环境与个人的责任，因而对自身、别人，或所居处的环境，能做正确的适应。"①从这一"健全人格"定义不难看出，人格概念上亦有心理与伦理的沟通。心理学上的人格解释至少在两个方面是与伦理问题相沟通的。第一，道德人格是人格的组成部分。以贾馥茗教授的论述言之，所谓"健全的人格"，如从伦理的角度看，亦可认定是一种道德人格。当然，心理学意义上的人格所涵盖的内容远非道德品质一个维度。然而，一个人的德性、德行等又不妨认定为心理人格的一个重要的表征、侧面和组成部分。第二，人格的动力特征与道德问题相沟通。人格不仅指一组相关的外在行为表征，而

---

① 贾馥茗：《人格心理学概要》，3页，台北，三民书局，1997。

且指个体能一贯以某种行为方式行动或能以某种特定结构组合一系列外在行为表现的整合能力。人格本身即有动力色彩。换言之，人凭借自我意识不断地形成或重塑其自身的人格形象。而在这种人格动力色彩之中，个体的道德信念及相关的道德人格理想、理想自我形象等都是重要的因素。所以，人格的心理学与伦理学解释是有沟通的。换言之，人格与道德问题有相关性，讨论人格建构不可不讨论道德修养与教育，尤其是道德人格的建构。而道德人格的建构又有外周和内核两个层面，前者指一系列的道德行为规范组成的外在系统的建设，后者指道德观念、情感、信念等内在系统的建构。

教师伦理学上讲的人格当然是指道德人格。

那么什么是道德人格？所谓道德人格就是个体稳定的道德面貌与特征。其实质是人在道德上区别于他人和动物的规定性。它既指个体道德行为的一定范式（格式），也指人的道德品质和境界（格位），是人的格式之"格"与格位之"格"的统一。道德人格的形成与道德主体对人生的价值与意义、道德责任与义务的认识，与其对行为方式的选择以及对理想人格的追求等都有直接的联系，所以道德人格具有较为明显的目的性和主体性。但同时决定人格特质的基础是社会关系。不同的历史发展、文化、阶级以及社会分工等因素都直接或间接地影响人格的形成与特征。所以道德人格又具有一定的客观性。同时道德人格又是一个人道德努力的结果，是一个人的人性、价值与尊严的标志。人类增进德性、减少兽性的种种努力的目标与结果都是道德人格的提高。人类不断发掘自身的潜能实现自我价值的过程就是人格不断提升的过程。赫拉克利特说"教养是有教养的人的第二个太阳"[1]。而一个对人格不关心的人肯定是一个不自觉的盲目存在，同时也必然是一个无所追求因而与动物趋近的人。所以道德上的人格又具有某种道德动力的性质。

二、教师的道德人格

教师的道德人格是指个体作为教师这一特定社会角色所表现出的道德面

---

[1]　北京大学哲学系编译：《古希腊罗马哲学》，31页，北京，商务印书馆，1961。

貌与特征，是教师在自己的职业活动中表现出的稳定性的道德行为的范式（格式）和道德品质与境界（格位），也是教师之所以成为教师的主体本质。由于职业的规定性，教师的道德人格与一般道德人格有显著的不同。其主要的特质可以归结为以下两点。

（一）人格与师格的统一

教师的道德人格在内容或结构上的特性是："人格与师格的统一"，即一般道德人格与职业道德人格的统一。德国教育家第斯多惠说过："一个真正的教育者，根据他自己和别人的宝贵经验，他知道，通过你是什么样的人比要通过你知道什么，可以获得更大的收获。"此外，作为教师"他不仅应当教育自己，使自己达到理想的境地，而且还应当教育别人，他选择了培养和教育的事业作为自己一生的使命"①。第斯多惠的上述论述十分准确地反映了教师人格的特点。教师的职业决定着教师的人格也是教育的手段或最重要的影响因素之一。对于教师来说，自己的人格一方面是自己的本体价值的标志，另一方面，由于教师的人格是教育活动的中介或工具，所以又具有工具价值。所谓"善歌者使人继其声，善教者使人继其志"②是也。从教育事业的角度看，工具价值是第一位的；从人格修养的角度来看，本体价值是根本性的。

所以教师的人格建设的基本角度有两个：一是"在广泛意义上"将自己培养好。因为，"正如没有人能把自己没有的东西给予别人一样，谁要是自己还没有发展、培养和教育好，他就不能发展、培养和教育别人"③。二是在任何发挥人格的工具价值方面提高自己。马卡连柯在谈到教师的语言时曾经这样说过："我们要善于这样说话：使孩子们在我们的话里感到我们的意志，感到我们的修养，感觉到我们的个性。"④教师除了要确立人格榜样

---

① 第斯多惠语，转引自张焕庭：《西方资产阶级教育论著选》，340页，北京，人民教育出版社，1964。

② 《礼记·学记》。

③ 张焕庭：《西方资产阶级教育论著选》，340页，北京，人民教育出版社，1964。

④ ［苏］马卡连柯：《论共产主义教育》，415页，刘长松、杨慕之译，北京，人民教育出版社，1981。

之外，特别重要的是要使自己的人格具有感化人的中介特性，否则就没有教师所应有的教育自觉。人格的教育作用也只能是自发的、不确定的和打折扣的。

(二)较高的格位水平

教师的道德人格从层次性的角度来看具有较高的品位。

在许多师范院校，我们都能看到"学博为师，德高为范""学高为师，身正为范"之类的格言作为校训张贴在最醒目的位置用以激励教师和未来的教师。这些格言实际上也的确反映了教师在学识和人格上的特点。我们常常说教师是"为人师表"的，师表二字的道德人格意味是十分明显的。

"师表"一词在中国是一个历史悠久且超出教育学范畴的概念。"师"即教师或以某人为师的意思。孔子说"温故而知新，可以为师矣"[①]。韩愈说："师者，所以传道授业解惑也。"[②]师都是指教师的意思。《孟子·离娄上》中说过"莫若师文王"的话则是以文王为师意。故"师"本身即意味着作为教师必须有供人效法的品质，"师"绝不是一个职业符号，谁佩戴它谁就是"师"。"表"原指外衣、外貌，后引申为表率、标准意。《淮南子·本经训》中云"抱表怀绳"，"表"与"绳"并列，显然指一种标准。为师的人必须注重仪表、言行、形象，这是"师"足以供人效法的外在前提。所以"师表"合一即指在道德与学问上为人榜样之意也。《史记·太史公自序》中云"国有贤相良将，民之师表也"；宋范仲淹说"师表百僚，经纬百事，此宰辅之职也"[③]；苏轼《孔北海赞并叙》中云"文举以英伟冠世之资，师表海内，意所予夺，天下从之，此人中龙也"。其中"师表"也是为人表率的意思。所以在中国历史上，师一直有"人师"和"经师"（或"业师"）之别，学有专长、专于一技，只是纯粹的教书匠，经师而已，而德才学识兼备尤其人格形象足以为人楷模者才是人师，才是所谓"师表"。所以荀子说"四海之内若一家，通达之属莫不从

---

① 《论语·为政》。

② 《师说》。

③ 《推委臣下论》。

服，夫是之谓人师"①。《礼记·学记》中则云："记问之学，不足以为人师"，又说："能为师，然后能为长；能为长，然后能为君。故师者也，所以学为君也。是故择师不可不慎也。《记》曰'三王四代唯其师'，此之谓乎！"

教师道德人格的高格位既是一种对教师的要求，又是教师岗位和教育事业具有崇高和神圣特性的原因或条件之一。成语中有"德高望重"之说。其实"德高"与"望重"不是并列的关系，而是因果关系，即前者是后者的原因或条件。所以对教师人格的高格位的特点，教师不能消极地认为仅仅是一种对教师的要求。教师应当从要求中体味神圣与尊重，引以为荣，同时不断追求道德人格水平的提升。

第二节　教师人格修养的两大问题

人格的形成一方面是特定文化，具体讲是一定社会规范、价值系统对个体的直接影响，使特定的人接受一定的伦理文化，实现其社会化的过程；另一方面也是道德主体自身不断从客观文化中汲取精神营养，追求价值与人格的理想，从而实现其人格的改造和提升的过程。前者可以称作"模塑"过程，后者可称为"修养"过程。前者是人格形成的基础，后者却是人格形成的关键。修养之所以是"关键"，纯粹是因为没有修养的主观需要和努力，模塑就可能是无效的。教师的人格修养也是这样。一方面教师个体会受到既定职业道德传统和客观存在的职业道德文化的影响，日久天长，在职业道德上有一个被"模塑"或者说是社会化的过程。但是这一过程的真实完成依赖于教师对教育事业及其道德要求的认识或领悟的程度，依赖于其道德义务感的不断养成和职业道德策略上的不断成熟，一句话，依赖于教师的人格"修养"。在教育思想史和伦理思想史上，有关教师的人格修养具体方法方面的论述汗牛充栋，有兴趣者不妨作更专门、更细致的研究。这里我

---

① 《荀子·议兵》。

们集中探讨教师人格修养的两个根本性的课题。一是修养的策略问题，二是修养的尺度问题。

一、"取法乎上"的策略

1998 年 10 月 18 日的《环球时报》报道，华盛顿大学商学院的学生问美国著名投资家沃伦·巴菲特（Warren E. Buffett，《福布斯》杂志 1998 年公布的全球 200 名亿万富翁中名列第三）这位"比上帝还富有的人"是如何获得成功的。巴菲特回答提问时向大学生们提出了这样一个建议："选择一个你最钦佩的人，把你钦佩他的原因写下来。……然后，写下那个你最讨厌的人的名字，写下那个人身上使你拒其于千里之外的那些品质。我建议你们观察一下你们所钦佩的人的行为，使这种行为成为你的习惯；你们也要观察一下别人身上应受到斥责的东西，并下决心不犯同样的毛病。如果你们做到了这一点，你们将会发现，你们已能够开足你们所有的马力了。"[1]巴菲特所提的建议其实也可供教育工作者参考。

我们这里所谓"取法乎上"的策略，指的就是教师的人格修养以价值和人格理想的确立为前提，高处着眼进行修养。在人格修养过程中，由于我国历史上曾经出现过要求过高、扼杀人性的曲折，所以特别强调道德目标上的现实性。但是现实性的粗俗形态就可能是否定理想人格现实性的世俗化。而一旦出现对理想人格和终极理想的真正否定，道德人格的修养就成为没有意义也没有可能性的东西。之所以提出这样一个策略问题，主要的理由如下。

（一）人格修养的规律性

这里所谓修养的"规律"是指人格修养与终极信仰之间的必然联系。这里所谓的"信仰"并非只指宗教信仰，而是指包括宗教信仰形态在内的所有对于终极价值的确信。其基本形态有三：宗教信仰、政治信仰、人生信仰。终极信仰与道德人格的联系，主要表现在两个方面：一是论证与聚合，二是圣化与提升。

---

[1] 张允文译：《两个世界富豪的一次潇洒对话》，载《环球时报》，1998-10-18。

何谓"论证与聚合"？我们知道，一个人之所以有某种特殊的道德人格，无非是因为他有一套外在的道德行为表征和内在的道德观念、情感、信念系统。而外在的行为表征之所以如此组合而且有一贯性，乃是因为其内在的道德观念、情感、信念系统。后者为前者作论证，前者因后者为内核而聚合起来，形成统一的人格。但是道德系统本身必须是开放的，因为道德系统本身有时不能说明自身。比如一个人之所以选择某种具体的道德行为，是因为他认为只有这样才是"公正"的。可是何为公正？为什么一个人非要按照公正原则去生活？如此提问下去，非涉及一个人的终极价值抉择与信念不可。所以道德人格内核之中仍有内核，这一内核即是他的终极价值系统——"信仰"。心理学家奥尔波特（G. W. Allport）曾经指出："每个人无论他是否有宗教倾向，都有自己最终的假定前提。"这些前提"都对属于他们的所有行为产生了创造性的压力"①。所谓"最终的假定前提"即是终极信仰，所谓"创造性压力"即论证、聚合等作用也。古代中国天理对人伦的持久佐证，现代中国共产主义信仰对道德人格的巨大动力作用，都证明特定的信仰系统可以支撑特定的道德人格。

何谓"圣化与提升"？所谓圣化与提升的意义有二，一是因为信仰系统的存在，道德行为本身会变得神圣起来，最高理想可以提升现实人格的境界和心理感受。禅宗讲"担水砍柴，无非妙道"。相信某种"妙道"的人，相信其"担水砍柴"的日常之举都是践行"道"理的。所以，即便是担水砍柴也会显得神圣起来。人有了某种最高理想，或宗教，或政治，或人生，不仅会有一系列行为及其组合的动机，而且会有这一动机的增强或放大机制（如使命感、庄严感等）。这种动机的增强与放大就是信仰予人的"圣化"或"提升"。二是人格形象上的提升。所有的信仰体系都会产生出相应的理想人格。宗教讲的基督、真主、佛陀等，都属于理想人格。这种最高理想人格与现实人格的中介是个体的"理想自我"。这里存在着一个"理想人格——理想自我——现实自我"的互动关系，尤其是前者对后者水平不断的"提升"关

---

① ［美］赫根汉：《人格心理学导论》（中译本），206 页，何瑾、冯增俊译，海口，海南人民出版社，1986。

系。也存在着伴随着这一提升的主体神圣感受问题(因为每一次提升都是离终极价值目标更近一步)。所以个体有无真实的健康的信仰系统,的确关系到道德人格建设的根基。

以上讨论的是一般人格修养的规律。实际上作为职业道德范畴的教师,人格的建设也必须服从这一规律或规律性的策略。教师要成功进行自己的人格修养,必须在两个层面上采取"取法乎上"的策略。一是在人生层面努力确立自己的终极价值体系与生活和人格的理想;二是要充分认识教育事业的神圣价值,努力确立自己的职业理想。只有形成了真正的教师人格理想,并时时与自己的现实人格相对照,找到差距、缩小差距,真正的教师道德人格修养才能成为现实。同时,也只有从大处着眼,教师才能安贫乐道,专心从事自己的事业。从这一角度出发,我们就不难理解第斯多惠所说的:"教育者和教师必须在他自身和在自己的使命中找到真正的最强烈的刺激;对他来说,把自我教育作为他终身的任务乃是一种双重的和三重的神圣责任。"①

(二)师范人格的特点(格位高)

教师道德人格之所以必须具有较高的格位特性,理由主要有二:一是就道德人格而言,教师必须在人格上高于一般人才具有教育的主体资格。因为只有高于一般才足以供人效法。正如第斯多惠所言:"谁要是自己还没有发展、培养和教育好,他就不能发展、培养和教育别人。"二是也只有具有较高人格品位的教师才可能获得教育对象的尊重,为学生所景仰,从而获得应有的教育效果。一般人可以不像教师那样过多地考虑人格的教育工具作用,但教师则不然。教师的工作是教育,他不能置教育效果于不顾地对待自己的人格水平和人格建设。

既然从教育事业或教师的职业要求的角度,教师必须具备较高格位的人格,在修养上"取法乎上"的策略就是很自然的事情了。

(三)中国古代的伦理智慧

这里所谓中国古代的伦理智慧指的是"学为圣贤"的修养策略。这一伦

---

①　张焕庭:《西方资产阶级教育论著选》,341 页,北京,人民教育出版社,1964。

理智慧的具体思路可以概括为以下几点。

第一，无论儒家、道家或墨家，虽然理想人格的内涵并不完全相同，但他们都承认圣人的存在，并且不断将圣人塑造成为一个完美无瑕、令人向往的崇高、理想的人格。

《中庸》对"圣人"的解释为："唯天下至圣，为能聪明睿知，足以有临也；宽裕温柔，足以有容也；发强刚毅，足以有执也；齐庄中正，足以有敬也；文理密察，足以有别也；溥博渊泉，而时出之，溥博如天，渊泉如渊。见而民莫不敬，言而民莫不信，行而民莫不说。是以声名洋溢乎中国，施及蛮貊，舟车所至，人力所通，天之所覆，地之所载，日月所照，霜露所队，凡有血气者，莫不尊亲。故曰配天。"

正是因为有了这种才德完备、富有魅力的理想人格才有了足够吸引亿兆士子孜孜以求的持久动力。例如，司马迁就曾在《孔子世家》中坦言："高山仰止，景行行止。虽不能至，然心向往之。"

第二，在中国文化中，圣贤或理想人格有神圣性却不是完全脱离现实的纯粹的神。古人一直强调"圣人与我同类"的思想。

《孟子·告子上》中以种麦为例说：同一批麦种下去，收获时有所差异，只是土地肥沃程度和人力不济所致，并非本质上有什么区别。"故凡同类者举相似也，何独圣于人而疑之。"因此，"圣人与我同类"。荀子也说"涂之百姓，积善而全尽，谓之圣人"①。所以"涂之人可以为禹"②。及至王阳明等人，更出"满街都是圣人"③的惊人之语。

由于被儒家奉为圣人的历史人物本身是真实的存在，又由于儒家将圣人神圣化的同时一再强调圣人与我同类的特质，所以儒家的圣贤人格就具有可以趋近的特质。儒家系统内的人对此亦充满自信。比如清代陆世仪对佛、道流行的状况表示不满时即说过："今人好学佛学仙，而不好学圣人，不知圣贤大学之道也。未尝见人立地成佛，而欲立地成佛，未尝见人白日

---

① 《荀子·儒效》。

② 《荀子·性恶》。

③ 王守仁：《传习录》卷下。

升天，而欲白日升天，明明地放着尧、舜、禹、汤、文、武、周公、孔子而决不肯明德、新民、止至善，此之谓大惑！"①这就使圣贤人格不仅完美而且可以学而至之，所以"学为圣贤"就成为一个对自己负责的个体的必然追求。所以，"学者大要立志，才学便要做圣人是也"②。

第三，由于"满街都是圣人"，所以见贤思齐、见不贤而内自省③就成为人格修养上的必然要求。为此，中国文化中产生了丰富的人格修养的具体方法，同时教育制度也为学子们"学为圣贤"的学习提供了制度上的保证（科举制度等是否真正做到了这一点，又当别论）。

沿着上述思路，中国古代文化（这里讲的主要是儒家学派）在人格修养上作出的贡献集中表现在下面两点上。

1. 许多思想家都强调立志对于人格修养的意义，或者说人们将圣贤人格作为修养的最终目标

比如朱熹就说："书不记，熟读可记。义不精，细思可精。惟有志不立，直是无着力处。而今人贪利禄不贪道义，要作贵人不作好人，皆是志不立之病。"④王阳明说："志不立，天下无可成之事。虽百工技艺，未有不本于志者。""立志而圣，则圣矣；立志而贤，则贤矣。志不立，如无舵之舟，无衔之马，飘荡奔逸，终亦何所底乎？"⑤"立志而圣，则圣矣；立志而贤，则贤矣"并不是说只要立志就够了；或者，真的立志为圣贤的就一定会成为圣贤。甚至孔子也曾经对自己的学生说："若圣与仁，则吾岂敢！"又说："圣人，吾不得见之矣；得见君子者斯可矣。"⑥古人的真实策略是"取法乎上得其中"，即便不能成为圣贤，在人格修养上也至少已有方向，而且会在实际的人格上朝圣贤的方向逐步趋近。这才是取法乎上策略的智慧所在！

---

①　陆世仪：《思辨录辑要前集》卷一·大学类。
②　《朱子语类》卷八。
③　《论语·里仁》。
④　朱熹：《性理精义》卷七。
⑤　王守仁：《教条示龙场诸生》。
⑥　《论语·述而》。

2. 有了圣贤人格作为终极目标，学问无止境，修身亦无止境

这是终极目标的优越性。但是正如圣人如果与凡人无所联系，则人们只能供奉不能效法一样，在学为圣贤的总目标下，如不对目标进行分层，则跨度太大，就会使总目标抽象化、虚无化，最终失其修养与教育的效能。所以儒家从先秦直到明清，不断设计和完善了成圣成贤的分层目标，或者说他们为圣贤人格的趋近设计了中介性的人格。

一般认为，儒家认为趋近于圣贤的人格台阶为：士、君子、圣人。孔子最早做了这种人格层次上的划分："圣人，吾不得见之矣；得见君子者斯可矣。"荀子曰："学恶乎始？恶乎终？……其义则始乎为士，终乎为圣人。"①又言："人有五仪，有庸人，有士，有君子，有贤人，有大圣""上为圣人，下为士君子"②。汉贾谊则言："守道者谓之士，乐道者谓之君子。知道者谓之明，行道者谓之贤，且明且贤，此谓圣人。"③所以从总体上言，圣人是终极的理想人格标准，君子是现实的最高人格标准，而士则为古代德育培养的一般标准也。达不到圣人、君子的水平的人，不妨首先从学习为"士"开始。由于修身与德育的最切近处是"士"，儒家对"士"的这一人格层次十分重视。朱熹说过："古之学者，始乎为士，终乎为圣人。此言知所以为士，则知所以为圣人矣。"④《论语·子路》中孔子也曾对子贡详细地谈到过"士"的标准："子贡问曰：'何如斯可谓之士矣？'曰：'行己有耻。使于四方，不辱使命，可谓士矣。'曰：'敢问其次。'曰：'宗族称孝焉，乡党称弟焉。'曰：'敢问其次。'曰：'言必信，行必果。硁硁然，小人哉，抑亦可以为次矣。'"《论语》中对君子人格亦多有论述，如"君子周而不比"⑤，"君子喻于义"⑥，

---

① 《荀子·劝学》。
② 《荀子·儒效》。
③ 《新术·道术》。
④ 《朱子大全·卷七十四·杂著·策问》。
⑤ 《论语·为政》。
⑥ 《论语·里仁》。

"君子成人之美"①，"君子固穷"②，等等。《中庸》说"君子动而世为天下道，行而世为天下法，言而世为天下则"，其君子的标准显然在道德人格上要求更高。古人的思路是，做不了圣贤，不妨先从做君子、做士开始。

所以，从继承和弘扬我国传统的伦理智慧的角度出发，我们也不难理解在教师的人格建设中为什么要采取"取法乎上"的修养策略。

二、教师人格修养的审美尺度

人格修养主要是伦理或道德的问题，也就是求善的问题。但是求善与求美并不矛盾，相反，如果人格修养要真正有效地进行，那么非合乎审美和立美的规律不可。我们这里所说的就是要确立"教师人格修养的审美尺度"。

按照审美的尺度去修养教师的人格，就是要进行师表美的建设。

师表形象或师表美的塑造的重要性主要存在于教育系统之中。从德育（道德教育）的角度看，师表之美的价值至少有三：第一，充分发挥教育主体的德育潜能。教师或德育工作者"不是使用物质工具去作用于劳动对象，而主要是用自己的思想、学识和言行，以自身道德的、人格的、形象的力量，通过示范的方式直接影响着劳动对象"③。这是教师劳动的特点。即使是要当好一个"经师"，将课程中知识性内容传授给学生，也须追求一个讲台形象。如果完全走反师表美的道路，其效果当然就可能是反德育的。至于有追求成为人师自觉的教育工作者则更应注意道德生活"知易行难"的特点，严于律己，使自身的道德人格朝师表美的标准靠拢。这样就可以使可能潜伏在"经师"身上的"人师"性质大放光彩，原本潜在的德育辐射力就会自然凸显出来，"无教之教""无言之教"就会成为现实。第二，充分促成学生的榜样学习。榜样学习已成为社会学习理论的核心概念。的确，就道德教育和学习而言，道德发展的阶段性质不能否定道德学习个体的整体性和复杂性；与学习道德判断、推理能力相比，道德学习主体与道德环境及道

---

① 《论语·颜渊》。

② 《论语·卫灵公》。

③ 周浩波、迟艳杰：《教学哲学》，184—185页，沈阳，辽宁教育出版社，1993。

德行为的结果的交互作用对形成道德观念和道德情操具有更为实质性的影响。对学生而言，教师和成人是具体的道德概念的化身，教师的一言一行不管有无进行德育的自觉都会成为德育的显隐课程。这就是孔夫子所言的"其身正，不令而行；其身不正，虽令不从"①。故确立师表之美实际上是建构学生道德学习的内容或榜样，德的榜样学习性需要立师表之美。第三，改善教育与道德教育的效能。师表美具有魅力的源泉之一当是师表形象的情感性。社会心理学已经证实，人们很可能单纯地将他对一事物的积极情感转移到与该事物相联系的另一事物中去（情感转移理论）。"爱屋及乌"即反映这样一个心理事实。立师表之美就是要让教师成为学生积极情感指向的对象，即使当他面临较为复杂的道德情境时，也能按照老师提出过的要求或以老师为榜样去践行道德规范。此外，当道德冲突发生时，如当教师的观点同学生的原有立场不一致时，与德育目标相一致的态度改变只能发生在师表在学生认知和情感上具有足够能量（吸引力）的时候；否则学生就会固守己见（一致性理论）。因此重要的因素之一在于教师能否成为一个崇高的不容否定的审美存在。②

鲁迅先生曾在《朝花夕拾·藤野先生》中这样记载："每当夜间疲倦，正想偷懒时，仰面在灯光中瞥见他黑瘦的面貌，似乎正要说出抑扬顿挫的话来，便使我忽又良心发现……"所以师表之美乃是学生学习动机的动力源和放大器。因此，师表美的建设十分重要。

师表、师表美本是两个概念。当为人师者对师表的追求是一种勉强行为时，师表是与教师本来面目相隔的一层外壳。这时教师没有应有的主体自由，学生会感到老师是造作、"道貌岸然"的。这种师表是一种虚假的外壳，因而难以发挥师表的真正作用。而当师表成为教师内发、自觉的追求，教师的一言一行都是其人格形象的自由表现时，人格美的陶冶性才能真正发生，师表的教育功能才能得以实现。而当这种真正形象完成时，师表之

---

① 《论语·子路》。

② 以上论证作者曾有专文：《态度改变理论和德育的审美选择》，载《高等师范教育研究》，1994(6)。

美的塑造也同时完成了。故从这一意义上讲，师表与师表美又是同一个概念，只不过师表是教育学的范畴，而师表美属于美学观照的结果而已。特别说明师表和师表美的区别和一致的核心意义在于：师表美并不仅仅等于教师的艺术造型。许多教育工作者忙于用艺术的手段装饰其外"表"，而忘记了教师的本质乃在于"人师"的性质，离开"人师"的本源去求得花里胡哨的外在形象是一种新的"经师"性的表征，与立美原则背道而驰。所以立师表之美虽应包括教师外在形象的审美追求，但更深层的在于教育主体精神人格的立美建设，并以这种内在精神人格和外在形象的统一为最高境界。

师表或师表美当然是一个整体，师表美的成立当以整体性或统一性为前提。这里只是从理论分析角度来分别探讨师表美的几个构成方面。

(一)"表美"

"表美"指师表美的外在方面，也是教师道德人格的外在表现，即教师的外在形象之美。"师者，人之模范也。"①而"模范不端，则不模不范矣。不惟立言制行，随时指点，即衣冠瞻视，亦须道貌岸然"②。既要为人模范，为人作样子，教师自己总要有一个外在形象供人观摩与效法。所以"表美"乃是师表之美的实现或具体，无表美即无师表之美。中国教育传统中对教师的外在道德形象要求极高。孔子在解释"克己复礼为仁"时就明确地说过："非礼勿视，非礼勿听，非礼勿言，非礼勿动。"③礼是外在的行为规范，仁者的视、听、言、动都表现为对礼的法度的遵守。故这句格言不仅为中国传统文化中修养心性的真言，而且成为中国传统教育中师表建设的基本要求。

北京师范大学的启功教授在他怀念陈垣大师的《夫子循循然善诱人》(1980)中曾经记载过："老师在谈话时，时常风趣地用手向人一指。这无言的一指，有时是肯定的，有时是否定的。使被指者自己领会，得出结论。一位'同门'满脸连鬓胡须，又常懒得刮，老师曾明白告诉他，不刮属于不

---

① 扬雄：《法言·学行》。
② 张行简：《塾中琐言·端品》。
③ 《论语·颜渊》。

礼貌。并且上课要整齐严肃，'不修边幅'去上课，给学生的印象不好，但这位'同门'还常常忘了刮。当忘了刮胡子见到老师时，老师总是看看他的脸，用手一指，他便局踏不安。有一次我们一同去见老师，快到门前了，忽然发现没有刮胡子，便跑到附近一位'同门'的家中借刀具来刮。附近这位'同门'的父亲，也是我们的一位师长，看见后说：'你真成了子贡……入马厩而修容！'……大家听了后一句无不大笑。这次他才免于一指。"①陈垣先生的"一指之教"有他自己为师表之外在形象美的存在，同时他反对在大学从教的弟子们不修边幅，也是考虑到"给学生印象不好"这个"表"的教育性问题。一正一反，充分揭示了"夫子循循然善诱人"的某种真谛。

表美的主要内涵可以归纳为两个方面，一是教师作为普通人的言谈举止的外"表"，二是指教师作为特定社会角色的讲台形象。但这两个方面又是相互渗透，联系在一起的。既要为人师，一举手、一投足都既是普通人又非普通人的了。所以教学情境之外的教师形象建设仍然是十分重要的。诸如教师的着装应该是质朴大方、富有文化涵养的；教师的一举一动都必须是优雅得体、潇洒大方的；教师的语言、眼神、表情等都应该是道德崇高与和谐的象征；等等。马卡连柯曾说"从口袋里掏出揉皱的脏手帕的教师，已经失去当教师的资格了"②。而教师的讲台形象，则主要由教师在教学情境中的动作语言艺术、板书艺术、授课技巧、教学机智等组成，它反映在教学情境中教师的外在形象的美。"高等师范学校应当用其他方法来培养我们的教师，如怎样站、怎样坐、怎样从桌子旁边的椅子上站起来，怎样提高音调、怎样笑和怎样看等等细微末节。"③这些内容已在教育艺术学科中有了较为细致的研究。比如在西方，教学体态语的研究、教学语言音量恰当的分贝值、师生教学环境中人际距离的度等都有很具体的实验

---

① 启功：《夫子循循然善诱人》，见《学林漫录》(2 集)，9—10 页，北京，中华书局，1981。

② ［苏］马卡连柯：《论共产主义教育》，446 页，北京，人民教育出版社，1981。

③ 同上书，407 页。

研究及数据。① 但有一点必须指出的是，所有教育手段包括教学情境中教师的讲台形象在内首先必须有主体自由、有主体道德人格的自由等美的本质灌注其中才有真实的德育（美学）价值，如在前面讨论过的"形象性"问题。教师在教育活动过程中固然要讲究语言的形象生动等，但生动的形象不能窄化为艺术形象性或感性形象性。讲台形象与日常生活形象一样，教师的表美塑造的法则都是做一个恪守规范但质朴的、真实的、自由的人。

"表美"建设还应遵循一条重要的法则，那就是情境性和创造性。"表美"要求教育工作者讲外在形象的规范，但规范绝不意味着划一，因为无生动即无自由，无自由即无美感。教育工作者作为个体各有自己的人格个性，各有自己的年龄、性别、身体、气质特征，各自面临的教育情境也不一样，所以师表的外在形象要自主自由就不能不讲情境性和创造性。教无定法，因而"表"亦无定规，成功的教育工作者都是领会其中三昧的。以下举小学特级教师斯霞老师的一个例子为证。斯霞老师作为老教师平时是讲庄重、朴素的，但也有例外的时候，而这种例外显然给她的学生们留下了美好而深刻的印象，以下的记叙来自学生的作文：

大礼堂里，人们正凝视着舞台。忽然扩音器里响起了一个声音：下面的节目是最精彩的，老师表演小鸭子，希望同学们注意。接着幕布徐徐上升了。只见一队老师系着洁白的小围裙，头上扎着蝴蝶结，弓着腰，像小孩似的跳出来，其中有一位老师，她穿着紫红色的灯草线短大衣，乌黑的头发是卷曲的。在她黄黑带白的脸上，嵌着一对炯炯有神的眼睛。她走过时，调皮地做了个鬼脸，活像个天真烂漫的小孩子……告诉你，那位穿紫红色衣服的老师，就是我们的班主任斯霞老师。②

(二)"道美"

"道美"指表美的精神内涵或内在方面，是教师人格的精神方面，即

① 可参考钟以俊、焦凤君：《教学美学导论》，南宁，广西教育出版社，1991。
② 丁家桐：《谈美育》，载《教育研究》，1981(8)。

教师的精神美。"表美"与"道美"既有外在和内在之别，又有相互融通的一面。就教师作为师表美的创造主体而言，其外在形象应是其内在灵魂的展现，否则作为一个伪善者，既违背美的法则也会带来德育的负效应。某些学科如自然科学方面的教学活动往往要求老师既应是学科知识的专家又应是教学理论的行家，是所谓"双专家"①。但是如果我们考虑到教师都是道德教育工作者，则除了以上两个层面要求外，所有教育工作者都还必须首先成为道德信念坚定、表里如一的道德践行者，是所谓的"三专家"②。这就涉及表美与道美的统一问题。无道美当然无表美，反之亦然。

在中国，与师、表的结合一样，师与道结合也是教育的传统。韩愈在解释"师"的传道、授业、解惑三项任务时，传道乃是第一位的。《师说》中还说过"道之所存，师之所存也""吾师道也"等，也证明了道对于师的重要。教师在精神上应当是得"道"的。德育工作者作为人师必须有道可传，无道可传则师将不师。故"彼童子之师授之书而习其句读者，非吾所谓传其道解其惑者也""小学而大遗，吾未见其明也"。③

启功先生还回忆过陈垣先生的另外一件事迹：辅仁大学有一位教授，在抗战胜利后出任北平市的某一局长，从辅大的教师中找他的帮手，想让我去管一个科室。我去向陈老师请教，老师问："你母亲愿意不愿意？"我说："我母亲自己不懂得，教我请示老师。"又问："你自己觉得怎样？"我说："我'少无宦情'。"老师哈哈大笑说："既然你无宦情，我可以告诉你：学校送给你的是聘书，你是教师，是宾客；衙门发给你的是委任状，你是属员，是官吏。"我明白了，立刻告辞回来，用花笺纸写了一封信，表示感激那位教授对我的重视，又婉言辞谢了他的委派。拿着这封信去请老师过目。老师看了没有别的话，只说："值三十元。"这"三十元"到我的耳朵里，就不是

---

① "双专家"可以做经师、业师，却不能成为人师。而能够成人师者就是教自然科学课程的也属于德育工作者的范围！——作者注

② 作者曾有专文论述：《德育过程三要素的特点》，载《北京师范大学学报（哲学社会科学版）》，1992(3)。

③ 《原道》。

银元，而是金元了。①

在启功先生的这段回忆中，我们不难看出陈垣大师特有的中国传统儒士的独立、超脱、安贫乐道的精神实质。在黑暗的时代，老师"无宦情"的灵魂才能促成学生的"无宦情"的行动。所以，如果说表美是师表美的外在实现，那么道美可以说是师表美的内在灵魂。

作为师表美灵魂的道美主要可有两种形态：崇高和优美。崇高、优美、悲剧、喜剧、丑等作为美学范畴，不同的美学家往往有不同界定。我们这里介绍一下苏联美学家克留科夫斯基用系统论对上述范畴作过的界定。克留科夫斯基指出："精神上的人是伦理学上的对象，不是美学的对象"，然而又"确实能够发现伦理学对象与美的对象完全吻合的现象。确切地说，二者拥有同一个对象——作为精神生物的人，作为个人的人"②。克留科夫斯基提出了"精神美"的概念，并依据独特的系统论方式作出了自己的解释。克氏认为，人的精神美就是普遍（道德）规范与（个体）特殊规范的平衡关系。"一般规范与特殊规范一旦合而为一，该层次上的个人就会被人们视为充分和谐、基本上美的人。"③而当一个人的精神结构中的普遍规范（人类的或人性的、社会的、国家、民族、阶级、职业、集体、家庭的规范到个体规范，伦理规范的普遍性递减，越往后则越接近并最终止于特殊规范）与特殊规范相比占据明显优势时，这个人的精神、理性、类或一般的特征会使他表现出精神上的崇高（如果他过于超前，牺牲则可能使崇高演变为悲剧形态）。而当一个人身上的某些特殊规范与普遍规范相比占有一定的优势时，则表现为喜剧形态，这种优势程度递增，则喜剧形态就会变为"卑劣"形态（市侩性质），直至变成"丑"。④

夸美纽斯曾经指出："除了智者，任何人都不能使别人成为有智慧的

---

① 启功：《夫子循循然善诱人》，见《学林漫录》（2集），15页，北京，中华书局，1981。
② ［苏］克留科夫斯基：《人是美的》，176页，刘献洲等译，北京，国际文化出版公司，1989。
③ 同上书，223页。
④ 同上书，209—211页。

人；除了能言善辩者外，任何人都不能使别人成为能言善辩者；除了道德的笃敬宗教者外，任何人都不能使别人成为有道德的和笃敬宗教的人。"乌申斯基也说，教师的道德个性是"任何教科书、任何道德箴言、任何惩罚和奖励制度都不能代替的一种教育力量"①。那么完全可以这样说：要塑造学生美的道德人格，教师的道德人格形象也应该是美的。

教育主体的道美包括克留科夫斯基所言的精神美的崇高和优美两种形态，前者可使教师在学生方面确立一个道德体系的超前、开拓者的形象，从而使道德学习主体在感受道德崇高的同时追求道德崇高。后者则可显现教师处理精神与物质、理想与现实、义与利、永恒普遍的道德原则和具体现实的日常生活之间关系时道德选择和行动的优雅、和谐，一种中和之美。教师在道德生活上平和优美的榜样作用对学习对象而言既有审美价值，又可以增强其追求道德上的优美人生的冲动，具有更普遍的道德教育价值。可以说，教师道德生活的崇高形象利于学生对规范的批判、超越能力和追求进步道德的创生能力的发展，而优美的道德榜样则利于引导学生学习、践行现实性的道德体系，使一定道德文化的授受关系成立。

美学范畴上尚有"喜剧"范畴。在现实生活中喜剧人物尚在道德认可的限度之内，但从教育内容与效果的角度而言，教师的教学可以有喜剧（幽默）的一面，但其道德生活榜样方面却不能以喜剧人物的身份出现。因为在喜剧范畴中，个人的特殊规范在普遍的道德原则之上，因而与卑劣相连接。克留科夫斯基就曾说过，卑劣"这个范畴与社会的进一步衰落的阶段相符合，它与喜剧性的区别更多的是在量上，而不是质上"②。简言之，喜剧性道德形象往往不能赢得学生的尊重，故喜剧是生活中允许的但却非德育主

---

① 分别转引自王球、钱广荣：《教师伦理学》，21、29 页，南京，江苏教育出版社，1991。

② 克留科夫斯基还认为悲剧与崇高也只有量的区别，因此道德教育引入崇高时往往也引入了悲剧。本书作者认为，涉及道德生活的悲剧性时必须非常小心：不能让悲剧吓跑了学生，而应让学生在悲剧欣赏中感受崇高、悲壮，先驱者永恒的历史价值，从而净化其灵魂。见［苏］克留科夫斯基：《人是美的》，253 页，刘献洲等译，北京，国际文化出版公司，1989。

体所应具有的合乎教育与美的法则的形象。至于卑劣和丑的范畴则显然只有反面教材意义上的德育价值。美与丑相对立,道德教育在弘扬道德生活美的一面的同时,也应让学生直面道德的丑恶的一面,从而与之"划清界限"。而在这一方面,疾恶如仇的榜样的作用同样重要。

(三)风格美

如果说表美、道美分别揭示了师表美的内外两个方面,那么,教师的风格美则指的是这两个方面的"合成",以及由"合成"而形成的师表美的完整和统一的形象特征。换言之,风格美指德育主体道美与表美的统一。

道美和表美的关系可以视为克留科夫斯基所讲到的普遍范畴与特殊范畴的关系。一方面,"除了道德的笃敬宗教者外,任何人都不能使别人成为有道德的和笃敬宗教的人"。另一方面,"不学无术的教师,消极地指导别人的人是没有躯体的人影,是无雨之云,无水之源,无光之灯,因而是空洞无物的"①。足见道美和表美都是师表或师表美不可或缺的成分,然而这两大成分在不同的德育主体身上所占的比重并不一样,因而必然显现出不同的师表风格或风度。这一风格,依据美感尺度可作如下观照。

1. 崇高

当教育者身上道美的成分高于表美的成分时,最极端的情况是教师道美无从显现,学生没有"阅读"的渠道。这对于教师而言,是一种"悲剧"。而当这一不平衡下降到一定程度时,学生可以感受到教师的道美,但同时感受到教师在外在形象表达上的"拙"与"讷",质朴的形象中师表的精神内涵微显但厚重。这就是所谓的教师形象的"崇高"风格。

2. 优美

优美风格即灵巧的风格、庖丁解牛式的风格。在这样的教师身上,文、质关系实现了和谐的统一,是所谓"文质彬彬"的水平。教师的道美恰到好处地在其外在形象(表美)中显现出来。学生面对教师就是同时面对他优雅

---

① 夸美纽斯语,转引自王球、钱广荣:《教师伦理学》,21—22 页,南京,江苏教育出版社,1991。

的道德生活的内容与形式。由于道美找到了合适的表达形式，这一风格应是教师追求的境界。

3. 喜剧

当道美压倒表美时产生悲剧和崇高，而当表美胜于道美时，教师在人格的显现上就体现出了一种对于道德生活内容的"夸张"，是所谓喜剧性。但喜剧性前提是这一"夸张"的度，一旦表美完全与道美脱离，则任凭教育者手舞足蹈，使用所有的艺术手段都会使他的教育形象走向伪善与卑劣、庸俗化、丑。这里需要特别说明的是，这里讲的喜剧性与前述"道美"中所言的喜剧性不是一个维度。后者讲的是教师的精神人格，理应追求优美和崇高。这里讲的是教师的个人教育形象，一定的喜剧性是可以允许的。在一定意义上还可以说喜剧性或幽默感应当成为教师作为教育工作者所应追求的目标之一。

从表美到道美，再到两者的结合，我们对师表美的大致构成已作了一个粗略的勾勒。虽然师表美作为教育美学的一个重要范畴在表达时难尽其美，但上述构成亦有提醒教师在道德人格修养的努力方向上的价值。事实上教师在自己的人格修养中能否建立人格修养的审美尺度不仅关系到教师的道德人格建设，而且关系到教师的工作与生活的质量。故建立审美的尺度是一个十分重要的选择。

以上我们集中探讨了教师人格修养的两个根本性课题：一是修养的策略问题，二是修养的尺度问题。对于教师个人而言，职业道德及其修养知识的学习只是教师的道德人格建设的条件，而不是这一人格建设本身。后者需要教师具有坚定的"学为人师"的职业信念和进行知行合一职业道德实践。所以，关于师德修养或教师的道德人格建设问题，我想我们最好还是以伦理学的鼻祖亚里士多德的忠告作为结束语。

亚里士多德说："人们自然具有的是接受德性的能力，先以潜能的形式被随身携带，后以现实活动的方式被展示出来。德性则和其他技术一样，是用了才有，不是有了才用。一切德性通过习惯而生成，通过习惯而毁灭。

人们通过相应的现实活动，而具有某种品质，品质为现实活动所决定。"①

思考题

1. 什么是人格？道德人格与心理意义上的人格有何区别？

2. 什么是教师人格？它的特点有哪些？

3. 为什么教师的人格修养应当取"取法乎上"的策略？

4. 师表之美建设应当注意些什么问题？

5. 仔细阅读下列材料，运用所学教师伦理学的知识分析说明教师应当具有的道德人格与道德品质。

★一位青年教师讲秦牧的散文《土地》。文中有这样两句话："骑着思想的野马奔驰到很远的地方""收起缰绳，回到眼前灿烂的现实"。突然，有一位学生问道："老师，既是野马，何来缰绳？"毫无准备的老师张口结舌。最后老师很不耐烦地说："如果少钻牛角尖儿，你的学习成绩还会好些吧！"老师的回答使这位学生非常难堪，学习兴趣全无。

——杨玉军、王惠：《面对学生的发问》，载《中国教育报》，1998-05-12。

★我原来在小学是个很爱提问的人，可每次提问都给否定了。记得有一次，一位语文老师在教古诗《春晓》时我觉得有疑义，就问老师："老师说诗人春天好睡觉，连天亮都不晓得，那他夜里怎么能听见风雨声呢？"这位老师很不以为然地说："这有什么奇怪的！早上起床到外面看一看不就知道了？"当我还要再问时，老师挥挥手让我坐下，环视一下全班同学，多少带着点嘲笑的口吻说道："大家说说看，是他对还是老师对？"同学们毫不犹豫地齐声答道："老师对！"当时我感到很尴尬，竟然对自己的判断产生了怀疑。所以到了中学以后，我很少提问……不像以前那样"炸刺"了。

——钱民辉：《学生实话实说》，10页，北京，中国人事出版社，1998。

---

① ［古希腊］亚里士多德：《尼各马科伦理学》，25页，苗力田译，北京，中国社会科学出版社，1990。

★于（漪）老师在教《宇宙里有些什么》时，课文中有这样一句话："宇宙里有千万万颗星。"这时，一个同学竟然提出了问题："老师万万等于多少？"这时，大家都笑了起来，一个同学说："万万不等于亿吗？"在大家的笑声中，提问的同学灰溜溜地坐下了。于老师觉得他的积极性受到了打击，于是她问："既然万万等于亿，但这里为什么不说宇宙里有千亿颗星呢？"这一问，同学们都哑了。过了一会儿，一位同学起来说："不用亿用万万，有两个好处。第一，用'万万'听起来响亮，'亿'却听不清楚。第二，'万万'好像比'亿'多。"这时同学们又笑了。其实这个同学的回答是正确的。于老师当即给予肯定，并表扬说："你实际上发现了汉语修辞中的一个规律：字的重叠可以产生两个效果：一是听得清楚，二是强调数量多。"这时，同学们都用钦佩的眼光看着那个同学。而于老师却说："大家可以想一想，我们今天学到的这个新知识，是谁给我们的呢？"噢，这时大家才将目光集中到第一个同学身上。这个同学十分高兴，从此以后，他更大胆提问了。

——杨玉军、王惠：《面对学生的发问》，载《中国教育报》，1998-05-12。

附　录

附录一　相关论文

∷∷∷

01　教师"职业道德"向"专业道德"的观念转移①

在世界教育史上，以专门培养教师的教育——师范教育的出现为标志，教师职业便开始了其专业化的进程。经验型教师向专业型教师的转变是人类教育生活历史性进步的一个重要表征。在这样一个背景之下，教师的职业道德概念也就必然存在向新的概念转向的必要性。

一、教师职业道德向专业道德的观念转移的历史必然性

教师"专业道德"概念的确立与教师职业的"专业化"运动有着密切的关系。

教师专业化运动肇始于17世纪末专门教师培训机构的产生。但是早期的教师培训学校学徒制或者经验型的教师培训实际上是职业训练而非专业教育。18世纪中期以后由于义务教育普及对于教师教育的需求增强以及教育专门知识的增加，真正的教师专业化的步伐才告开始。20世纪特别是第二次世界大战以来，世界已经发生了剧烈的变革。以计算机应用与开发为主的第三次技术革命在全球的兴起，标志着知识社会和信息时代的到来。经济全球化的迅速发展，终身学习在世界范围内的深入人心等，一系列的世界性变化都对教育系统提出了挑战或新的要求。世界各国都意识到了这种变化带给教育的强大震撼并予以积极的回应。如何培养高素质的教师队伍、如何提高教师的专业水平等问题就成了世界各国普遍关注的焦点，实现和提升教师专业化日益成为世界教师教育发展的重要趋势之一。

---

① 参见檀传宝：《论教师"职业道德"向"专业道德"的观念转移》，载《教育研究》，2005(1)。

　　继 1966 年国际劳工组织和联合国教科文组织在《关于教师地位的建议》中首次以官方文件的形式对教师专业化做出了明确的说明①之后，世界各国先后出现了一系列的旨在提高教师专业化水平的理论研究、政策文件和法规。1986 年，美国卡内基工作小组、霍姆斯工作小组相继发表了《国家为培养 21 世纪的教师做准备》《明天的教师》两个报告，这两个报告同时提出以教师的专业发展作为教师教育改革的目标，中心思想在于确立等同于医师、律师的教师的"专业性"。日本也早在 1971 年就在中央教育审议会通过的《关于今后学校教育的综合扩充与调整的基本措施》中明确指出，"教师职业本来就需要极高的专业性"，强调应当确认和加强教师的专业化。20世纪末，日本文部大臣还曾经就"关于面向 21 世纪教师培养改革的方针策略"问题向"日本教育职员养成审议会"提出咨询。受文部大臣的委托，审议会分别于 1997 年、1998 年、1999 年通过了题为《关于新时期教育职前培养的改善方案》《充分发挥师资培养中的硕士研究生课程的作用》和《职前培养、入职、职后培养一体化》的审议报告②，完善了教师教育体系，明确规定了教育人员的专业素质和能力标准，极大地加快了日本教师专业化运动的进程。可以这样说，教师"专业化"本身就是一个不断提升专业特性与品质的过程。虽然世界各国在教师专业化的道路上前进的步伐并不一致，但是专业化的方向与趋势是不容置疑的。

　　在教师专业化的运动之中，教师的职业道德向专业道德的转换始终是一个重要的线索。从最初的一般性的德行要求到具有道德法典意义的许多专业伦理规范教育，从重视知识、技能教育的技术性培养逐步过渡到专业精神与专业知识、技能水平提升的兼顾是教师专业化历史发展的一个重要侧面。以美国为例，1825 年俄亥俄州的地方证书只要求通过文化考试以后

---

　　① 《关于教师地位的建议》明确指出："应把教育工作视为专门的职业，这种职业要求教师经过严格地、持续地学习，获得并保持专门的知识和特别的技术。"
　　——资料来源：国际劳工组织和联合国教科文组织：《关于教师地位的建议》，1966。
　　② 张梅：《日本谋求教师教育一体化的新动向——试析日本教育职员养成审议会的近三次审议》，载《外国教育研究》，2001(6)。

有 30 小时的培训(其中还包括 15 小时的教学实习)即可①，教师职业道德方面的教育内容抽象、空泛，基本上被淹没在一般教学技能教育的任务之中。但是 20 世纪，教师的职业道德要求就变得明确和具体起来。1975 年，美国全国教育协会通过了《教育专业伦理守则》(*Code of Ethics of the Education Profession*)。《教育专业伦理守则》除了在序言中强调"教育工作者承担了维护最高伦理标准的责任"等内容之外，还详细规定了教师必须履行的对学生和对专业的 16 条承诺(各 8 条)。② 20 世纪 80 年代，美国教师教育协会(AACTE)在要求新教师必须掌握的知识(关于学习和学习者的知识、关于课程与教学的知识和关于教育的社会基础知识三类)中也明确提出了教师应当掌握专业合作、专业伦理、法律权利和责任等方面知识的主张。③ 与此相关，专业伦理方面的课程也已成为美国现当代教师教育的重要内容。

教师道德的概念之所以会从一般性的职业道德向专业道德的方向转移，最主要的原因在于：第一，教师专业化实质上是回应时代要求提升教师质量的运动，而教师质量与专业精神不能分离，因此由抽象、模糊、未分化的师德走向具体、明确和专业化的伦理规范是理所当然的事情。此外教师专业道德取代一般意义上的行业道德规范还有进一步规范和保护专业利益和权利的积极意义。正是因为这一点，教师专业组织往往会对专业规范的建立具有较大的积极性，实际上在师德规范从一般性的职业道德向专业道德的方向转移的过程中，专业组织也的确发挥了重要的历史作用。第二，早期教师职业道德抽象、模糊、未分化等特征还与教育专业性较低、人们对于与专业工作相关联的专业伦理要求研究不够、理解不深入也有关系。而随着教育学、心理学和伦理学的不断进步，人们对教师专业特性的理解程度的不断提高，这一非专业状况必然会得以改变。从今天世界上先进国

---

① Dilly，Frank Brown：*Teacher Certification in Ohio*. Bureau of Publications，TC，Columbia University，N. Y.，1935，p. 29.

② *NEA Handbook*，1977－1978，Washington，DC：National Education Association.

③ 郭志明：《美国教师专业规范历史研究》，265－266 页，北京，中国社会科学出版社，2004。

家和地区的许多研究成果及已经建立起来的教师道德规范的形式（如守则、公约、规定等）来看，"教师专业道德"的概念已经初步建立。其基本内涵，或者与过去的一般性师德要求相比较最主要的特点是：强调从专业特点出发讨论伦理规范的建立，而不再是一般道德在教育行业里的简单演绎与应用。所建立的伦理标准都有较为充足的专业和理论的依据，充分考虑了教师专业工作和专业发展的特点与实际，全面、具体、规范，要求适中。

总体上说，由一般性的教师"职业道德"向专业特征更为明显的教师（或教育）"专业道德"的方向观念转移实际上是经验型教师向专业型教师转变的一个重要方面。我们可以这样说：专业道德概念的建立和教师专业化运动具有相同的历史必然性。

二、教师专业道德的观念确立与教师专业道德建设

教师"专业道德"概念确立的意义不仅可以在教师专业化的历史必然性中得到说明，而且可以在解决教师职业道德建设中面临问题的适切性中得以肯定。这一问题主要涉及规范建立的质量和师德建设的实效两大维度。

我们可以以教育部全国教育工会《中小学教师职业道德规范》（1997 年 8 月 7 日修订）为例，看看这一"教师职业道德规范"在专业规定性缺失情况下存在的一些问题。规范总共罗列了"依法执教""爱岗敬业""热爱学生""严谨治学""团结协作""尊重家长""廉洁从教""为人师表"8 个德目（或 8 项要求），在每一个德目之后对这一德目的具体内涵做了简单的解释。这一规范存在的主要问题表现在以下两方面。

第一，对于教师工作的专业特性反映不够，一些条目只要将主题词替换一下就可以马上变成其他职业的规范。如"依法执教""爱岗敬业""团结协作""廉洁从教"等，其他行业可以轻而易举地将这些口号改造为："依法执×""爱岗敬业""团结协作""廉洁从×"等。而如果我们仔细阅读对这些条目的具体解释，则这一缺陷会更加明显。如"依法执教"的解释为："学习和宣传马列主义、毛泽东思想和邓小平同志建设有中国特色社会主义理论，拥护党的基本路线，全面贯彻国家教育方针，自觉遵守《教师法》等法律法规，

在教育教学中同党和国家的方针政策保持一致，不得有违背党和国家方针、政策的言行"；"廉洁从教"的具体要求是"坚守高尚情操，发扬奉献精神，自觉抵制社会不良风气影响。不利用职责之便谋取私利"。"专业性"的意涵实质上是指某一行业行为主体和主体行为的"不可替代性"。如果今后我们仍然这样去界定教师职业道德，我们的职业道德规范将继续停滞在一般性行业道德的非专业水平上。

第二，规范的制定随意性大，不全面、不具体。1975年美国全国教育协会制定的《教育专业伦理守则》虽然只由前言和教师"对学生的承诺"和"对专业的承诺"区区16个条目组成，但是仍然涵括了教育专业生活中的最主要问题，且每一条目都规定得十分具体、有针对性。例如，在"对专业的承诺"中，指出"基于深信教育专业服务品质直接影响国家人民的福祉，教育工作者应当全力提升专业水准、带动行使专业判断的风气、吸收值得信任的人投入教育生涯、防范不合格的专业实习"。具体的条目要求则包括"不得蓄意运用专业职权发表虚假言论，或隐藏有关能力与资格的资料事实"，"不得协助已知在品格、教育或其他相关属性上不合格者获得专业职位"等等。我国台湾地区的一些专业道德规范的制定也具有相同特征。笔者在2000年参访台东师范学院（现为台东大学）时即发现该校《教师服务伦理规范》(1999)就用五章74条的方式对教师的基本信念以及教学伦理、学术伦理、人际伦理、社会伦理等方面做出了全面、细致、具体的规定①。反观上面提到的规范的规定，就显得粗糙、抽象、一般，篇幅有限而套话连篇，在"专业性"上当然逊色了很多。

所以，在教师职业道德规范制定中面临的上述问题解决的出路只有一个，那就是首先在观念上实现由一般性的教师职业道德向教师专业道德的方向的观念转移，在承认专业性存在的前提下开展教师道德规范的制定工作。

除教师道德规范的制定外，师德建设的推进也离不开对于"教师专业道

---

① 台东师范学院：《教师服务伦理规范》，载《东师校刊》，2000(10)。

德"概念的认可。只有从专业生活质量提高和教师的专业发展的角度去理解师德建设才能专业性地推进教师的专业道德建设。

所谓从专业生活的角度理解教师专业道德建设是指将教师的职业道德理解为专业生活的必需。这种必需主要表现为两大方面。一是底线或基本需求：一方面，教师的专业生活需要有专业道德上的基本要求予以保证，以确保教师能够在伦理上达到起码的标准；另一方面，教师的专业生活也需要有专业道德规范予以保障，以确保教师在行使专业权利时免受非专业人士的非理性指责与侵犯。现代教师的工作，内部、外部的分工都十分细密，如果不做专业上的适当界定，标准过低或过高都会影响教师专业生活的质量。二是高层次需要。"教育工作者承担了维护最高伦理标准的责任。"①因为教育是一种文化或者精神的事业。教师没有与此性质相匹配的追求、气质与修养就不合乎专业的需要，也无法获得职业生活的意义。

从专业发展的角度理解教师道德建设就是将专业道德的发展与教师生涯发展及规划结合起来。有研究②发现，教师专业道德的发展阶段及其特征是：第一个阶段（从教时间 0～4 年）为入职期。这一阶段教师对即将要从事的职业、对于恪守"专业道德"一般都持非常积极的态度。但是多数教师尚处于依从性的道德学习状态，容易产生懈怠的情绪，对于专业道德的认同有下降的趋势。第二个阶段（5～16 年）为发展期。教师个体对于专业道德的认同随着自身教学实践经验的积累而有更深层次的理解，对专业道德的认同也逐渐向"认同性道德学习"状态过渡。第三个阶段（17～21 年）为停滞期或重新评估期。教师多数处于一个停滞发展的时期。教师的"认同性道德学习状态"可能正在完成一个内部的整合，正积攒力量以完成从"他律"到"自律"的质变。或者可以说教师正重新评估自己对专业道德的认同、理解。第四个阶段（22～27 年）为稳定期。教师一般多处于一个比较稳定的高水平

---

① 见 1975 年美国全国教育协会的《教育专业伦理守则》前言，*NEA Handbook*，1977－1978，Washington，DC：National Education Association.

② 王丽娟：《教师专业道德的发展阶段初探》，硕士学位论文，北京师范大学，2003。

的认同阶段，一些教师专业道德的学习状态向"信奉性道德学习状态"转化。教师个体对于专业道德的认同逐渐提升为价值的内化。第五个阶段（从教 28 年以上）为保守期。在第五个阶段，许多教师的职业心态开始下滑，开始为退休、离职作心理上的准备。但多数教师的专业道德基本上还是处于一个稳定的"信奉性道德学习状态"。专业道德发展阶段及其特征的研究结论给我们的启示是：不同生涯阶段或专业发展水平的教师，师德水平与需求并不相同，师德教育应当有不同的建设重点，需要不同的策略。

从教师专业生活的需要出发、从专业发展的角度理解教师道德建设也是我们提高师德建设实际效果的一个必由之路。长期以来，我们只看到师德规范对于教师行为规约的一面，而对这一规约与教师个体及专业团体本身"德－福"一致的关系缺乏起码的敏感、确认，教师道德教育往往会成为教师专业生活中最枯燥乏味、最不人道的一个环节。如不改进，师德教育的实效低下的局面仍将延续。因此，认可教师道德的专业性、认可教师专业道德与专业生活、专业发展的内在联系是我们正确理解和推进教师的专业道德建设的前提。顺应时代发展，我们应当从专业生活质量提高和教师的专业发展的角度专业性地推进教师的专业道德建设。

02　教师伦理的学段特点与师德建设[*]

一、学段特性与教师伦理的时间之维

檀传宝

北京师范大学教育学部教授，全国德育学术委员会原理事长

学校德育与师德建设，同为立德树人事业的重要组成部分。也可以说，师德建设其实也是广义德育之一种。师德建设与一般德育的区别，只在于

---

　　[*] 笔谈所包括的所有论文均系本书作者主持的国家社会科学基金十三五规划课题"基于学段特性的教师专业伦理学研究"（课题批准号：BEA170106）的研究成果，载《教育研究》，2020(12)。本文曾以《教师伦理与师德建设》为题发表。

教育对象的不同：德育是对学生的道德教育；而师德建设，尤其是师德修养，更多的是对教师自身的道德教育。在德育实践中，落实因材施教原则的一个重要前提是考虑学生的发展特点。从时间的视角，教育者既要关注学生所处的时代（20 世纪、21 世纪）、世代（00 后、10 后之类）等大的时间规定性，也要关注学生具体发展阶段，比如，皮亚杰（Piaget，J.）按照认知特点将儿童心理发展分为感知运动、前运算、具体运算、形式运算四个阶段，而一般儿童心理学的概括性划分为乳儿、婴儿、幼儿、童年、少年、青年六个阶段。又如，科尔伯格将儿童道德认知发展描述为三水平六阶段、埃里克森将人格发展概括为婴儿期到成熟期的八个阶段，每一阶段均有不同矛盾、人格特点等，在认知、情感、行为等方面具有时间规定性（特性）。同理，师德建设若要求实效，当然也一定要确立观察教师专业道德的时间视角——教师伦理的时间之维——认真关注教师伦理的时间规定性。

（一）教师伦理的三大时间之维

所谓"教师伦理的时间之维"，至少应该有三个最主要的维度。

一是教师伦理赖以建构的大时代背景。比如，现代教师伦理与古代教师伦理，就既有一脉相承的继承关系，也有时代变迁导致的巨大差异。其区别最大者，可能是现代社会的教师会更关注学生以及教师自身的个人权利，教育公正原则也理所当然地成为现当代教师伦理的核心价值。

二是教师生涯阶段对于教师伦理建构的影响。一个新手教师、一个成熟型教师和一个即将退休的老教师对于同一教师伦理的需求、理解、遵守，都会带有其不同职业生涯阶段的特性。目前教师职业生涯理论多聚焦于教师教学专业的发展，而对本应内含其中的教师专业伦理的生涯阶段性基本无视，是教师教育研究的一大遗憾。

三是教师伦理的时间之维，就是教师工作学段的特殊性对于教师伦理的规定性。学段本是学生特定学习阶段的简称。我们常常将学生们稍长一些的学习区间习惯地称之为某某学段，如学前段、小学段、中学段、大学段等。学段虽是学生的学习阶段，但是也会直接影响在不同学段从教的教师的工作及其伦理建构。很明显，幼儿园教师和大学教师虽然都应该同样奉行公正、仁慈的原则，但是由于学段的实际差异甚大，公正、仁慈等教育伦理之具体规范、实践在目标、内容、方式上都会有巨大的差异。此外，有些阶段很重要的内容，在另外一个学段就明显没有那么重要：幼儿园教师对儿童"生活"的全方位关注，在大学教师那里已不再是教育任务的重点了；大学教师所特别在意的科研伦理，中小学阶段教师虽然也要同样遵守，但是其伦理重要性的排序也一定会让位于教学伦理。

十分遗憾的是，以上三大教师伦理的时间之维迄今为止均未在教师伦理研究以及相应的师德建设实践中完全建立起来。少数关于教师伦理的时代特征的关注多停留在教育伦理思想史①的一般描述范式，严肃的理论研究、实证研究都严重不足。关于教师职业生涯、教师道德学习阶段对于教师伦理影响的零星探索，也只见诸青年学人的学位论文、博士后报告②。至于考虑不同学段对于教师伦理特性的影响的专门研究，目前尚未真正开始③。2018 年，教育部曾相继印发过《新时代高校教师职业行为十项准则》《新时代中小学教师职业行为十项准则》《新时代幼儿园教师职业行为十项准则》。大学、中小学、幼儿园不同学段的教师职业行为十项准则在同一年分别印发，至少表明教育部在师德规范的政策制定层面已经开始有了学段思维。但是细看各学段的"准则"不难发现，虽分学段，但是诸"准则"仍然失之笼统、抽象，相同的规范表述远多于其对于学段特性的关注④。其深层原因之一，当然就是关于学段伦理的基础研究严重滞后。故对于教师伦理学的健康发展和师德建设的实效提升来说，较于时代之思、生涯之思，在

---

① 钱焕琦：《中国教育伦理思想发展史》，北京，改革出版社，1998。

② 王丽娟：《教师专业道德的发展阶段初探》，硕士论文，北京师范大学，2003；傅淳华：《教师道德学习阶段相关研究述评》，博士后报告，北京师范大学，2017。

③ 2016 年华东师范大学出版社出版过冯婉桢、蔡辰梅、杨启华、李菲所著的《与诤友对话：幼儿园教师师德案例读本》《小爱大德：小学教师师德案例读本》《为师之梦：中学教师师德案例读本》《大学的良心：高校教师师德案例读本》，虽为学段伦理的探索，但是研究成果仍然是"案例读本"。——作者注

④ 2012 年教育部印发的《幼儿园教师专业标准（试行）》《小学教师专业标准（试行）》和《中学教师专业标准（试行）》，其中师德规范的描述也没有充分反映学段的特性。——作者注

理论上厘清学段教师伦理特征的任务尤具迫切性。

(二)学段特性与教师伦理

本质上说，学段之所以成为影响教师伦理建构的重要时间之维，是因为教育劳动的特点与教师职业道德存在内在的关联。教育劳动的特性有很多，但直接在学段这一时间之维上影响教师伦理建构的是其中两大突出特性：一是"教育劳动的主体与工具的同一性"（教师本人既是劳动者又是劳动的工具，所谓"言传身教"是也）；二是"教育劳动关系的复杂性"（教师在工作中会面临多重人际关系）①。换言之，我们完全可以从教师的社会角色、人际关系两大维度去看教师工作的学段实际，进而推论各学段教师伦理所具有的基本特征。

教师的社会角色及其在工作中涉及的人际关系无疑都具有十分明显的学段特性。

当一位学前或者小学低年级儿童的家长将自己的孩子送到学校时，他差不多是将孩子的全部托付于学校和教师。家长、儿童，甚至全社会都会像许多社会学家所描述的那样，期待教师成为"父母的替代"。这时儿童和教师之间、家长和教师之间、社会与教师之间的社会关系，是一种全方位的委托关系。相应地，教师的道德责任或工作内容则是要实现对安全、健康、游戏到文化学习等儿童权利的全方位保护。在小学阶段特别是小学高年级，一方面儿童"已经长大"，家长、儿童、全社会都会将教师的社会角色逐渐定义为文化学习以及道德人格影响上的"重要他人"。在小学阶段儿童几乎在所有事情上都极其信赖教师的权威性，教师是所谓的权威"师尊"，具有最强大的教育影响力。与此同时，由于在这一阶段，家校之间、师生之间的关系慢慢演变为一种"教育、教学"的合作关系，故除了开展必要的安全教育外，教师已经不太承担小朋友的"保育"之责了。到了中学阶段，教师慢慢成为文化课学习意义上的"业师"，对学生发展的实际影响力与学前和小学阶段相比会有明显下降。这是由于青春期儿童的独立性迅速增长，

---

① 檀传宝等：《走向新师德——师德现状与教师专业道德建设研究》，4—5 页，北京，北京师范大学出版社，2009。

学生同伴群体的作用越来越大，甚至超过包括教师在内的成人社会的垂直影响力。故无论是为了践行师生平等的道德原则，还是追求实际教学效率的提升，在中学阶段，教师对儿童自尊、个性的维护，对于青少年亚文化的理解，等等，都势必成为教师伦理的核心内涵之一。在高等教育阶段，学生虽然尚在青年期，但已经是成年人。这一时期教师成为学生的"导师"，教师与教师、教师与学生之间更多的是一种"学术共同体"的关系。良好的大学教育，即便是在本科阶段，教师都应当让学生有越来越多的研究性学习的机会，专题讨论式的教学方式（seminar）也会在这一阶段得到越来越广泛的应用。在大学，即便是教学也带有学术研究的性质，本科生、硕士生、博士生，随着高等教育程度的提升，教师作为学术人的示范意义也会越来越重要。故大学里的"导师"之"导"与旅游上的"导游"之"导"在本质上是一致的。虽然社会服务是与教学、科研相并列的现代大学职能之一，但是很显然，大学教师所要承担的社会服务责任的基础也仍然是学术研究。由于学术研究的重要性明显高于中小学和幼儿园等其他学段，故大学教师专业伦理的重点内容之一肯定就是科研伦理了。与此同时，由于家长已经是一个远离校园的社会存在，也由于大学生的个人生活部分逐步成为学生的"私人领域"，不再作为教师工作一般关注的重点，师生关系、家校关系都会逐步演变为完全的成年人之间的关系。正因为如此，在世界范围内，对于学生"私人领域"的尊重已经日益成为现代大学教师伦理的重要内容之一。

综上所述，教师的社会角色、人际关系具有明显的学段特性。教师从学前阶段的"保育者"、小学阶段的"师尊"、中学阶段的"业师"，到大学阶段的"导师"角色的演变，既意味着不同学段教师专业伦理的逻辑转换——不同学段教师在道德权利与责任的逻辑上有严格区别，也意味着不同学段的社会关系处理的内容、范式会产生巨大的差异，教师专业伦理的内容结构（教学伦理、科研伦理、社会服务伦理）及其权重都会发生重大的改变。

（三）一个亟须告别的时代

从学段这一时间之维去思考教师伦理的建构，不仅具有重要的理论价值，而且更大的意义在于伦理实践："遍观国内书市或图书馆有关教师伦理、教师职业道德的著作，对教师真正有益的为数寥寥。其主要原因之一就是大而化之、笼而统之，不同学段'一锅煮'。而事实上幼儿园教师、中小学教师、大学教师虽然有教育伦理的一致性，但是由于教育生活的巨大差异，他们所要面临的伦理课题也差异甚大。……不做专门、具体的研究，'对我们自己的'道德教育如何做到有的放矢、因材施教？"①

如前所述，师德建设尤其是师德修养事实上就是教师对自己的道德教育。若贯彻"因材施教"原则是包括师德建设在内的全部德育都应遵循的教育常识，则师德建设当然也应当因"材"（教师伦理的学段实际等等）施教，教师伦理在理论、实践上"一锅煮"的时代就亟须告别了。而告别这一时代的前提，当然就是我们要通过深入的研究努力分析、厘清分学段教师伦理的特性。确立教师伦理的时间之维的本质，是要求教师专业伦理在言说方式上有范式变革。

以下各位研究者的论述均能从一个视角对不同学段教师伦理特点做深度解读，可谓一个可喜的开始。

二、儿童权利的完整实现与 学前教师专业伦理的特殊性

冯婉桢

北京师范大学教育学部副教授

教师专业伦理主要是教师的责任伦理。责任是"与职务有关的、职务所要求的必须且应该付出的利益"。②"责任伦理是以他者为逻辑起点的"③。在教育实践中，教师所面对的"他者"包括儿童、同事、家长和社会公众等，其中最重要的"他者"当然就是儿童了。而保护与促进儿童权利的实现是教师责任的主要来源。

---

① 檀传宝、张宁娟、吕卫华等：《教师专业伦理基础与实践》，"丛书"总序，5页，上海，华东师范大学出版社，2017。

② 王海明：《新伦理学》，317页，北京，商务印书馆，2001。

③ 曹刚：《责任伦理：一种新的道德思维》，载《中国人民大学学报》，2013，27(2)。

世界《儿童权利公约》(Convention on the Rights of the Child)指出儿童享有多方面的权利，包括生存权、发展权、受保护权与参与权四项。同时，《儿童权利公约》确立了儿童利益优先原则，即"关于儿童的一切行为均应以儿童的最大利益为一种首要考虑"。鉴于学前儿童的年龄特点与权利实现的特殊需要，学前教师专业伦理必须以保护和促进每一名儿童权利的完整实现为构建起点，而不是仅仅着眼于单一受教育权的实现。在此基础上，学前教师伦理责任的范围、内容、排序与履行方式等，相比其他学段也就有了许多特殊之处。

(一)保护和促进儿童权利的完整实现是学前教师伦理构建的起点

学前儿童年龄小、最易受伤害，学前教师和其他学段教师相比，有更大的责任来全面保护、完整实现儿童的权利，也更需贯彻儿童利益优先原则。比较来看，高校教师不可侵犯学生作为成人所享有的权利，但在面对伦理选择时可以优先考虑社会整体福利。中小学教师有责任保护儿童的所有权利，但主要职责是促进儿童受教育权之实现。学前教师需要保护儿童的生存权与发展权等多方面的权利，承担起保育与教育双重责任。

以保护和促进每一名儿童权利的完整实现为起点来规定学前教师的责任是合理的，能更好地保障学前儿童的权利。首先，学前儿童对教师的照护需求强烈。教师对任何一名儿童的疏忽都可能危及儿童的生命安全与健康。世界上很多国家规定的学前教育师生比明显高于其他学段，就是为了保障学前教师能够具体、细致地关照到职责范围内的每一名儿童，而不是一般、原则地关照到儿童群体。其次，在所有学段中，学前儿童与教师的力量悬殊是最大的。学前儿童面对教师的威胁最无反抗可能。儿童权利的基本价值在于"为教育权力设置了必要的伦理限度"[1]，以遏制教师和其他成人的权力。将保护和促进每一名儿童权利的完整实现作为学前教师专业伦理的构建起点能够增强教师的权利意识，给予儿童最大的尊重与保护。如若学前教师不能正确地认识和对待儿童的权利，学前教师专业伦理又遑

---

[1]　王本余：《儿童权利的基本价值：一种教育哲学的视角》，载《南京社会科学》，2008(12)。

论权利底线之上对各种善的追求，学前教育实践中就容易表现出无根基的"伪善"。另外，学前儿童的生长发育速度最快，且个体差异十分明显。学前教师面对的儿童的具体情况不同，保育与教育工作的具体内容与要求就不同。学前教师专业伦理规范难以全面罗列教师的责任，也不可能规定教师责任的上限。儿童权利既具有消极防护的意味，也彰显了人们对儿童作为社会成员的充分尊重与积极期待。以保护和促进每一名儿童权利的完整实现为起点来构建学前教师专业伦理，能够兼顾伦理底线与伦理理想两个层面的要求，给教师以积极的引导。

当前，多国的学前教师专业伦理规范中已经强调了保护和促进儿童权利完整实现的价值取向。英国早期教育协会的《伦理准则》在第一条原则中就提出，要"尊重《儿童权利公约》里制定的权利，并且承诺支持这些权利"。澳大利亚早期教育协会的《伦理准则》在序言中指出，该准则以《儿童权利公约》里的原则为依据，并且要求学前教师"为所有儿童的最佳权益而行动"。我国在《新时代幼儿园教师职业行为十项准则》中也强调要"规范保教行为""尊重幼儿权益"。"尊重幼儿权益"指的是，要全面理解并切实尊重《儿童权利公约》中规定的所有儿童权利。

（二）保护儿童的安全与健康是学前教师的首要责任

在儿童的多项权利中，具体权利的实现顺序不同。生存权与受保护权的实现，一定优先于发展权与参与权。对学前儿童来说，生存权的实现是第一位的，构成了其学习与生活的主要内容，并且极大地依赖于他人的保护与促进。在安全与健康的基础上，学前儿童的发展权和参与权才有机会被考虑。对更年长的儿童来说，生存权虽同样具有优先性，但慢慢不再是权利实现的主要内容。这是因为年长儿童的安全与健康不像学前儿童那样容易受到威胁，并且随着儿童日渐成长，他们会逐渐具有一定的自我保护能力和维护自身健康的能力，无需将这一权利的实现全部寄托于他人。

学前教师的首要责任是保护儿童的安全与健康，满足学前儿童的生存所需。学前教师在履行教育职责之前要先承担保育职责，照顾好学前儿童的一日生活。并且，学前教师要将教育渗透在儿童的一日生活中，把培养学前儿童的生活自理能力作为教育目标之一。与之相较，中小学和高校教师的主要责任是促进学生发展权的实现，主要承担教育职责，越来越不需要承担保育的职责。在中小学和高校，教育更多的是联系生活，在课堂教学中展现教学内容与生活的联系，而不是在一日生活中进行教育。教育与日常生活是相对分离的。而且，中小学和高校课堂中所关注的生活不只是儿童自身的日常生活，更多的是广阔的社会生活。

比较分学段教师专业伦理规范文本也可以发现，学前教师有责任主动作为来保护儿童的安全与健康，这一责任在学前教师自身的责任体系中具有优先性，所占比重相比其他学段教师的责任构成来看也更大。我国《新时代幼儿园教师职业行为十项准则》规定幼儿园教师要"加强安全防范"。《新时代中小学教师职业行为十项准则》中也有此规定，但排序相比靠后。《新时代高校教师职业行为十项准则》中则没有此规定。全美幼教协会的《伦理规范与承诺声明》中规定，教师有责任为儿童"创建并维持安全、健康的环境"。全美教育协会的《教育专业伦理规范》仅从消极防范的立场上要求，教师使学生"免受有害于学习或者健康和安全之环境的影响"。美国大学教授协会《专业伦理宣言》也没有提及保护学生安全。

(三)保障儿童游戏和获得情感满足是学前教师的特殊责任

教师的教育责任主要来源于儿童的发展权。儿童的发展权包括受教育权和游戏权等。由于学前儿童的发展需求与发展方式具有年龄特点，学前儿童发展权实现过程中的关注焦点和实现方式有特殊性。与之相应，学前教师的教育责任在内容和履行方式上有与其他学段不同的地方。

第一，保障儿童游戏是学前教师的特殊责任。对学前儿童来说，游戏权的获得与否相比受教育权的获得与否具有更重要的发展意义。游戏是学前儿童的主要活动与学习方式。儿童年龄越小，对游戏的需求越强烈，游戏对其身心发展的影响也越大。童年时期游戏机会被剥夺会影响到个体的心理健康与人格健全。与中小学和高校教师的主要职责都集中在实现儿童的受教育权不同，学前教师在保障学前儿童受教育权的同时要重点保障学前儿童游戏权的实现。游戏权是一项消极权利。"'消极权利'是指'要求权利相对人予以尊重与容忍的权利'"①，而非要求权利相对人予以给付或作为。学前教师要尊重儿童的游戏，为学前儿童提供充足的游戏时间与空间，以及适宜的游戏指导，并寓教于乐，在游戏中渗透教育。

这项责任在多国的学前教师专业伦理规范中有清晰的规定。英国早期教育协会的《伦理准则》中要求，教师"拥护每一个儿童在满足他们需要并且没有不利条件的环境中游戏和学习的权利"。澳大利亚早期教育协会的《伦理准则》在核心原则中强调，教师要认识到"游戏和休闲对幼儿的学习、发展和幸福至关重要"，并要求教师"了解并能够向他人解释如何游戏和休闲"。与学前教师专业伦理不同，中小学和高校教师伦理规范中很少涉及保障学生的游戏或休闲。这并不是说游戏或休闲对中小学和高校学生不必要，而是保障学生的游戏或休闲不再是教师的主要责任。

第二，学前教师需要比其他学段的教师更多地关注和回应儿童的情感需求。学前儿童对情感依恋的需求最强烈。并且，儿童早期的亲密关系对个体一生有着重要影响。其他年龄阶段的学生也需要教师的关爱，但能否从教师这里获得情感满足之于自身发展的重要性远不及学前儿童那般迫切、重要。学前教师不仅应为儿童营造一个信任、安全的人际环境，而且应更多地通过积极的、直接的、个别的师幼互动给儿童情感支持。相比来看，中小学和高校教师会更多地关注和回应学生知识和能力提升方面的需求。同时，在中小学和高校，教师与学生之间的互动更多地表现为课堂中的集体互动，并且是以学业内容为中介的互动。

学前教师有责任保障学前儿童获得情感满足。这在现有的教师专业伦理规范中也有说明。英国早期教育协会的《伦理准则》规定，学前教师要"理解儿童的脆弱性和他们对成人的依赖"。全美幼教协会的《伦理规范与承诺声明》提出，教师应为儿童"创造并维持一个安全、健康的环境，以促进儿童的社会性、情绪、认知和身体发展"。与学前教师不同，中小学和高校教师的责任重点不在于满足学生的情感需求，甚至有规范文本建议教师与学

---

① 周刚志：《论"消极权利"与"积极权利"——中国宪法权利性质之实证分析》，载《法学评论》，2015，33(3)。

生保持适度的距离。例如，英格兰教学协会《注册教师行为和实践守则》建议教师"在与学生的交往过程中，建立和维护恰当的专业界限"。

(四)为家庭提供教育支持是学前教师的附加责任

儿童的受教育权有受教育的自由权与要求权两方面的含义。自由权意味着儿童有选择接受何种形式教育的自由。要求权意味着家庭、学校和社会都有责任为儿童提供适宜的教育。三类教育的功能与特点不同，在个体不同年龄时期发挥作用的比重不同。儿童年龄越小，对家庭的依赖越多，家庭教育的影响越大。学前儿童可以选择是否接受机构教育。学前教育机构却不可能替代家庭的作用。相反，为了学前儿童的健康发展，学前教育机构应该积极了解学前儿童的家庭，并为其家庭教育的改善提供指导与帮助。我国《幼儿园工作规程》明文规定幼儿园的任务不只是面向儿童实施全面发展教育，还要"同时面向幼儿家长提供科学育儿指导"。

这样，学前教师在承担机构内教育工作之外多了一项附加责任，即为家庭提供教育支持。这是学前教师与其他学段教师责任范围的不同。在高等教育阶段，学生基本脱离家庭独立生活，教师很少考虑与家庭联系。中小学教师会寻求家庭的配合来共同促进学生的学业学习，但很少深入家庭生活中为家庭教育提供全面指导。在比较分学段教师专业伦理规范时，我们可以发现对学前教师这一附加责任的规定。全美教育协会《教育专业伦理规范》中只规定了教师对学生和专业的义务。全美幼教协会的《伦理规范与承诺声明》用专门的一部分规定了学前教师对家庭的责任。英格兰教学协会的《注册教师行为和实践守则》中要求教师"努力与家长和看护者建立富有成效的伙伴关系"，但在具体内容上只是要求教师帮助家长了解学生在学校的表现。而英国早期教育协会的《伦理准则》不仅要求学前教师要"尽量去了解每一个家庭的家庭结构、生活方式、文化传统、语言、宗教和信仰"，而且要求学前教师"与家庭分享关于儿童教育和发展的信息"，帮助家长掌握最新的儿童教育知识，提升教育能力。

三、优良道德的推导：小学教师专业伦理的特质分析

李 敏

首都师范大学初等教育学院教授

通过对各国各地区教师职业道德的文本的比较①，不难发现：各种指向小学教师的具体道德品质或禁忌的要求具有许多相似性，即都会对小学教师的个人道德、人际伦理等提出十分相近的希望或规定。当前，各国仍在广泛使用的各类教师职业道德规范的实质追求均指向伦理学中常论及的"优良道德"。

现代伦理学研究是一门"追求优良道德的科学"。② 而元伦理学中有关"优良道德"的推导公式是一种十分有效的理论工具。借助这一工具，我们能够更有效地澄清影响小学教师专业伦理的制约因素，并由此分析小学教师专业伦理的学段特质。

(一)优良道德的推导与小学教师专业伦理的决定性影响因素

元伦理学讨论了现存道德价值和优良道德的产生和存在的来源、依据问题，认为优良的道德规范只能通过道德目的，从行为事实如何的客观本性中推导、制定出来：所制定的行为应该如何的道德规范之优劣，直接说来，取决于行为应该如何的道德价值判断之真假；根本说来，则一方面取决于行为事实如何的事实判断之真假，另一方面取决于道德目的的主体判断之真假。③ 并由此得出如下优良道德规范推导公式：

前提 1：行为事实判断之真理

前提 2：道德目的判断之真理

———————————————

结论 1：道德价值判断之真理

结论 2：优良道德规范

---

① 课题组做了英国、美国、德国、澳大利亚、加拿大、芬兰、日本七个国家与小学教师职业道德规范相近的政策与文本分析。其中，日本和芬兰两个国家没有制定专门的小学教师职业道德规范，课题组分析了与之相关的教师发展政策文本。

② 王海明：《伦理学原理》(第三版)，2—3页，北京，北京大学出版社，2009。

③ 同上。

这个优良道德规范推导公式及其所包含的四个命题被称作伦理学的公理或公设。其要义在于：经由道德价值判断为真、对、优的道德为优良道德。我们借伦理学中的这个公理或公设来进一步思考小学教师专业伦理的相应元素及其所指，结论如附表 1 所示。

附表 1　伦理学公理/公设对应的小学教师专业伦理所指

伦理学公理/公设	伦理学所指	小学教师专业伦理所指
前提 1：行为事实判断之真理	人性：人的伦理行为事实如何之本性	1. 小学生身心发展特点及需要 2. 小学教师的特质
前提 2：道德目的判断之真理	道德价值主体：社会为何创造某种道德	道德价值主体：小学教育（社会子系统之一）的价值（道德目的）是什么
结论 1：道德价值判断之真理	道德价值和道德规范：伦理行为应该如何的优良道德	道德价值和道德规范：小学教师伦理行为应该如何的优良道德
结论 2：优良道德规范		

在附表 1 中，我们可以看到，结论 1 与结论 2 判断为真理的道德价值和优良道德规范，其对应的小学教师专业伦理所指为"小学教师伦理行为应该如何的优良道德"，而这些是由什么来决定呢？我们需要转向与之形成支撑关系的两个前提条件进行讨论。

能够推导出优良道德的小学教师专业伦理所指的前提条件有以下两个。一是由"小学生身心发展特点及需要"和"小学教师的特质"共同构成前提 1 条件所关注的小学教育场域的行为事实。如同伦理学中是把行为事实判断之真理指向了"人性"，在小学教育工作领域中，小学生、小学教师两个主体的特殊性构成了教育中客观存在的"行为事实"。二是作为小学教育场域中的"道德价值主体：小学教育（社会子系统之一）的价值（道德目的）是什么"构成了前提 2 条件所关注的小学教育道德目的。如同伦理学中是把道德目的判断之真理指向"社会需要"这把量尺，在小学教育工作领域中，小学教育作为社会子系统之一，由小学教师为主而实现的"社会价值"构成了小学教育的价值存在和道德目的。那么，在这样的一系列推导条件下，欲了解小学教师伦理学的学段特质，首先要关心三个决定性因素：一是小学生身心发展的特点及需要；二是小学教师的特质；三是小学教育的价值。这三个因素也分别决定了小学教师专业伦理的三个最重要的特质。

（二）小学教育对象的童蒙性决定了小学教师专业伦理起始于"向善"

小学生作为小学教育的对象具有童蒙性，这一判断表达出小学生的特点和需要以及对于小学教育的特有诉求。这种童蒙性是如何影响小学教师专业伦理的呢？

6～12岁的小学生正处在中国传统教育所谓的童蒙教育时期。在中国传统教育中，"童蒙"常常与"养正"紧密联系在一起，主要是以伦理道德教育为主，尤其是以日常行为规范教育为核心，在"人伦日用"中达到培养人的目的。童蒙教育表达了两种教育假设：第一，通过行为习惯的养成来育人。如，朱熹认为儿童教育要从日常生活的小事抓起，从小要"教之以洒扫、应对、进退之节，爱亲、敬长、隆师、亲友之道"。从生活小事做起，积累不断应对外部世界的道德和能力，是传统蒙学教育的重要任务。第二，正面教化促进儿童德性发展。我国古代童蒙教育十分重视正面的道德教化，这有点像孔子所说的："道之以德，齐之以礼，有耻且格。"[①]由此可以看到，童蒙教育中的行为习惯养成和正面教化都表现出"向善"的特质，它作为小学阶段的重要伦理价值一直影响至今。

现代小学教育研究与实践也十分关注儿童自身的向善性，尊重小学儿童对积极环境和安全感的本能需要。小学阶段的儿童，其生命观念、情绪情感、自我认知等方面具有一定的阶段发展特点。上海市一项调查发现，小学各年级儿童多倾向于参与积极的生命体验和生命资源。有80％的儿童对生命过程的体验都是积极的。[②]若在儿童时期接触过多的负面社会事件、家庭成长经历等会对儿童造成许多成长的阻碍，影响儿童亲社会行为能力的发展，会可能导向一种应激障碍，严重者会出现过度焦虑、强迫心理，

---

① 杨伯峻：《论语译注》，12页，北京，中华书局，1980。

② 李丹、陈秀娣：《儿童生命认知和生命体验的发展特点》，载《心理发展与教育》，2009（4）。

乃至抑郁状态。①

　　以上分析了由小学教育对象所决定的"向善性"这一伦理价值，它进而规定了小学教师专业伦理中的"向善"特质。这里需要补充和强调的一个观点是，小学教师在教育教学过程中向小学生传递"向善"这一伦理影响时，并非是单向地给予教导，交往中的小学教师和小学生更多的时候是在经历共同向善的过程。在师生这一重要的伦理关系中，必须认识到小学儿童自身也是追求善的人。已有研究表明，儿童在很小的时候就对某些行为产生了朴素的道德意义的认识。儿童不仅仅对一些生活中常见的道德现象充满兴趣，有时还会对一些比较深奥的伦理问题进行思考，有些问题会使成人甚至最有智慧的成人（包括伦理学家）都面临一种严峻的挑战。②

　　小学儿童的"向善性"不仅规定了自己与世界的连接方式，而且规定了小学教育的影响方式。"向善性"构成了前提 1 决定小学教师之优良道德的行为事实，因而成为小学教师专业伦理的一种特质。

（三）小学教师角色的应验性决定了小学教师专业伦理尊崇"示范"

　　小学教师具有怎样的学段特质？这是当下教育研究中的一个前沿问题。现代教育对小学教师的期待是成为优质的综合型教师，他们需要在德、智、体、美、劳五大基本学习领域以尽可能综合、融通的方式给予小学生应验性的教育影响。小学教师角色的应验性在这里是指小学教师在传道、授业、解惑时，首先需要做到以身示范，甚至"身教"比"言传"更为重要。换言之，小学生会自然选择从小学教师身上获得由教师应验的知识、能力、价值观。形成这种现象的原因在于，小学教师是童年时期儿童的重要他人，同时又是儿童初级社会化的引路人。6～12 岁小学生的自主性感知觉能力、注意持久度、思维逻辑性正处在重要的发展时期，尤其是情绪情感能力经历了一个由被动反应向主动表达的发展过程，此时的小学教师作为小学儿童身

---

　　①　伍新春等：《青少年创伤后心理反应的影响机制及其干预研究》，载《心理发展与教育》，2015，31(1)。

　　②　［美］加雷斯·皮·马修斯：《哲学与幼童》，4 页，陈国容译，北京，生活·读书·新知三联书店，1989。

边朝夕相处的陪伴者，会在很长一段时期占据着学生生命中的重要位置，他们会在两方面对小学生产生"示范性"的影响。

首先，小学教师会在许多方面充当替代父母的角色。在小学生眼中，教师是一种坚实的依靠，可以走近、可以亲近、可以求助……从这一方面来看，小学教师的示范性来源于父母式的"言传身教"。其次，小学教师在很多时候是学生"形影不离"的榜样。小学教师因其特有的职业身份，会被小学生视为值得信赖、尊重和敬仰的人。他们通过自己鲜明的形象、高尚的情操和富有感染性的人格魅力，把社会对个体的规范要求和现实生活中的言行有机地结合起来，展示在儿童面前，为儿童发展提供了一种可资借鉴或选择的参照坐标。[①] 相较于替代父母的角色，榜样力量更凸显了小学教师的专业伦理属性。

通过以上分析，我们发现小学教师角色中存在着"应验性"，它与小学生的身心发展需要相契合，这种应验性决定了小学教师对小学生所产生的影响是一种"示范性"的伦理影响。由此，"示范性"构成了前提1决定小学教师之优良道德的又一行为事实，它也因此成为小学教师专业伦理的一种特质。

(四)小学教育阶段的养成性决定了小学教师专业伦理重视"发展"

我们最后再来讨论推导小学教师专业伦理所指的前提2，作为小学教育场域中的"道德价值主体：小学教育(社会子系统之一)的价值(道德目的)是什么"。养成教育是小学教育阶段的重要任务和价值使命，已取得小学教育界的共识。已有的养成教育研究多集中在关心如何更好地促进小学生在行为习惯、品德、社会性三方面的发展。小学阶段是养成儿童良好品行的重要时期，这一关键时期具有"两易律"，良好的习惯和品德在这一时期是最容易培养和形成的，同时也是不良习惯和品德出现频率最高的多发期。[②] 而社会性的发展是现代小学教育特别关注的教育内容与目标，关心的是小学生参与社会生活、关系、活动时需要的能力、道德和智慧。小学教育实践表明，

---

① 朱小蔓：《中国教师新百科(小学教育卷)》，416—417页，北京，中国大百科全书出版社，2002。

② 曾欣然：《德性心理活动规律探索》，134页，重庆，西南大学出版社，2012。

无论是人的习惯、品德，还是社会性，其形成和发展都是一个漫长的过程。

养成教育作为小学教育的重要价值和目标，表明了两种伦理立场。一是重视过程性。养成教育中的"养"字，延伸到参与人类社会发展的"养成"，呈现出一种能够使种群向上向好方向发展的方式。小学阶段的教育需要关照儿童完整的生活，养护天性、发展潜能、健全人格。二是主体发展优先于教育评价。养成教育中的"成"字，表达的是一种评价目标。养成教育不主张进行终结性评价，而是旨在通过评价促进小学儿童持续的发展。这两种立场进一步明晰了养成教育的内在特点和内部过程，也显现出小学教育的价值目标——促进小学儿童连续的发展。由养成教育带来的"发展性"会广泛影响教师对待小学教育和小学生的态度，同时也会深刻影响他们具体的教育教学方式，从急功近利的干预和评价转向张弛有道的教育陪伴和等待。

以上分析论证了养成教育很大程度上规定了小学教育的价值方向是促进"发展"。"发展性"为前提 2 推断小学教师之优良道德提供了判断依据，它也因此成为小学教师专业伦理的一种显性特质。

综上所述，小学教师专业伦理具有"向善性""示范性""发展性"三种显性特质。探讨这些伦理特质，将有助于我们进一步从职业内部的专业属性来展现，甚至是重申小学教师在工作中应当把握的伦理方向：第一，尊重小学生的童蒙教育需要，以"向善"的伦理刻度来引领小学生的发展；第二，充分重视小学教师角色中存在的应验性，无论是教知识还是教做人，小学教师时时刻刻都要以身示范；第三，将"养成教育"作为小学阶段的一项重要任务，注重教育的过程性和渐进性，一切教与学的目标都需指向小学生的连续"发展"。

加拿大教师伦理学的重要研究者坎贝尔（Cambell，E.）曾经指出："在许多方面，专业精神的本质是由伦理原则来界定的，这些原则不仅规定了专业人员的行为，而且还规定了他们作为个体从业者和集体伙伴所体现的承诺和责任精神。"①对小学教师专业伦理特质进行深入分析会大大增进人们对小学教

---

① 　Elizabeth Campbell. *The Ethical Teacher*. Open University Press. Maidenhead · Philadelphia，2003，p. 103.

师职业本身的信心，也能让小学教师从专业伦理的理论议题上获得实践力量，在教育岗位上做到有所为有所不为，从而更好践行教书育人的使命。

四、中学场域的文化张力与中学教师专业伦理特点

杨启华

首都师范大学教师教育学院副教授

与其他学段相比，中学学段是学生从稚嫩走向成熟、发展未来的中间时期。处于青春期的中学生是"年轻的成人"——一种尚未成熟的社会正式成员。（小学生依然更多地被视为"边际人"。）[1]正如社会学家莱斯克所言，"青年是跟儿童、成人有区别的。他们既不是儿童，也不是成人。他们是处于发展中的人"。[2] 正是在这一矛盾发展的状态中中学生会逐渐形成独特的亚文化。作为一群人所共有的集体表象与准则，中学生亚文化是中学生的一种生存方式；同时它又是一种过渡时期的文化，具有不稳定性和可塑性。

中学生文化生态及特点，使得文化交往成为中学教师劳动的突出特色。由此，教师伦理中的"平等""尊重""理解""对话"等规范、原则与理念，不仅仅为人的自然权利、教育的本质特点所决定，最为根本的是还离不开社会文化、文化交往的影响。因此理解"学生文化""文化张力"对于中学教师专业伦理构建的意义，相较于其他学段更为突出。

(一)中学教育场域的两大文化张力

所谓场域是"包含各种隐而未发的力量和正在活动的力量的空间，同时也是一个争夺的空间，这些争夺旨在维续或变更场域中这些力量的构型"[3]。中

---

① 谢维和：《教育活动的社会学分析——一种教育社会学的研究(修订版)》，245页，北京，中央编译出版社，2007。

② Nancy Lesko. "Past, Present and Future Conceptions of Adolescence", *Educational Theory*，2005，46(4)。

③ ［法］布迪厄、［美］华康德：《实践与反思——反思社会学导引》，139页，李猛、李康译，北京，中央编译出版社，1998。

学场域中师生文化以不同方式展现，相互之间存在着多种张力，主要表现在以下方面。

1. 成年人社会文化与青少年文化之间的张力

文化差异的重要原因是代际差异。教师与学生在不同时代背景下成长，来自不同家庭，他们身上烙印着时代、社会和家庭文化的影响，形成各自不同的价值观、规范等。代际差异造成双方在思想和行为方式上的差异和冲突，尤其在社会发展变化迅速的时代，代际差异与冲突更为显著。

教师往往是"国家""社会""成年人"的象征，中学生所追求的"个性""叛逆""创意"文化等所针对的正是"成年人"社会及其文化。如当前青少年的网络文化、消费文化、大众文化流行等，是青少年学生所特有的文化现象。青少年学生面对新的社会背景，更愿意从同辈经验、自我体验中寻找经验和获得认同，形成与成人不同的文化。

面对青少年文化，中学教师常常感到困惑与无奈。教师专业伦理的重点在于教师能否对代际文化张力有所觉察，明晰差异的根源，尊重青少年的"文化在场"，并鼓励青少年主动寻找共同经验和文化间认同。在新时代背景之下，教师需要在文化立场上与时俱进，学会"合理在场""体面退场"。

2. 规范文化与抵抗文化之间的张力

学校文化是一种制度文化，强调规则与秩序。教师是社会文化的传递者，也是制度文化的执行者。教师掌握文化资源（如课程设计、课程实施、学生评价等），推动社会主流价值观传播，促进集体表象和准则的形成。

中学生处在自我意识逐步形成并日益凸显的阶段，对制度文化的意图产生觉察与反思，根据自身的价值判断对制度文化进行有选择的解读、接受或认同，表现为与学校成就价值相一致或相抵抗、背离，形成认可性文化、抵抗性文化等。例如，学校的经典文化教育与学生用戏谑的方式消解文化的经典性，学校的校服规范与学生的校服涂鸦、裁剪等，是学生通过或显性或隐性的方式表达自我文化主张、对抗制度文化的规训的典型表现。

师生文化张力并不都具有破坏性。即便是文化冲突，在某种条件下也具有建构性意义，因为抵制也是一种建构过程，冲突会加速代际走向协调。问题关键在于教师如何在伦理上认识、处理文化张力。

（二）文化张力对中学教师专业伦理的建构

1. 价值观澄清成为师生文化交往的中心任务

师生文化张力主要表现是价值观的差异性。在师生文化张力中，需要考量中学生价值观与教师价值观两方面。一方面，教师传递主流文化、规范文化，正如德里达分析教师的阶层身份时所认为的，教师是服务阶层，比其他阶层更认同统治阶层的道德规范，是统治阶层与被统治阶层的桥梁。[①] 而中学生自发的需求，在社会多元价值观影响下，文化趋向多元。规范要求与自主需求、主流价值观与多元价值观存在于学校、班级时空中，师生文化张力实质是师生的需要体系和价值观的张力。"学业文化""学术型文化""好孩子型文化"这些青少年文化的特点表明学生文化与主流文化的一致性。而"娱乐文化""偏差文化""玩乐型文化""违规型文化"等特点则表明青少年文化与主流文化不一致或冲突。另一方面，教师自身也拥有个人的价值观体系，形成教师的独特文化。教师个人价值观与职业价值要求之间相互影响。教师"价值有涉"影响教师的教育行为及教师所传递的价值观。

由此，教师专业责任中的价值观关键问题包括帮助学生澄清价值观以及实现教师自我价值观澄清两方面。一方面，相较于其他学段，中学阶段青少年的价值观引导重要性凸显。在多元价值中，引导学生澄清价值观，促进学生发展理性精神、辩证能力、懂得如何选择是教师的重要责任。在承担这一责任过程中，教师的价值引导与学生的自主建构之间需要寻求合理的平衡，避免灌输也反对放任。另一方面，由于教育教学活动是"价值有涉"的活动，教师的价值观也需要更新，包括如何理解社会多元价值，如何认识师生文化张力，如何调适自我价值观与制度要求等。价值观澄清，并非仅仅限于师生各自澄清价值观，而是实现师生在文化交往中"和而不同"

---

① 姜添辉：《资本主义社会中的社会流动与学校体系——批判社会学的分析》，64—68页，台北，高等教育出版社，2002。

"求同存异"。

2. 平行教育影响是师生文化交往的重要原则

青少年亚文化有多种样态。中学生因为群体之间文化的吸引或排斥而形成不同的同辈群体。非正式的同辈群体是中学生中较为突出的一种群体组织形式。而由于"非正式群体"在年龄阶段上多为十几岁或青春期的青少年所组成，所以小学与大学阶段的非正式同辈群体特征并不明显。中学生非正式同辈群体具有自发性、平等性、开放性、独特性、文化相近性，它为学生提供平等互助的环境、提供获得非成人赞同和许可的源泉。

中学教师伦理责任的实现，仅仅通过教师个体与学生个体相作用的方式，难以关照到学生非正式群体的隐性影响力量。"群体"成为教师与学生在学校的存在与交往方式——教师个体与学生群体、教师群体与学生群体的交往。一方面，教师个体与学生群体交往方式凸显。教师对中学生的伦理引导、价值观影响，需要理解学生群体的亚文化、不同学生群体的不同文化，通过影响群体文化中共同价值观念、群体的向心力和凝聚力，来对群体中的个体产生影响。由于非正式群体文化对群体成员有较强的规范性，群体成员自觉遵守群体规范，因此，文化交往中平行教育影响有较大作用。另一方面，教师群体与学生群体交往方式凸显。教师不仅仅被卷入学生的非正式群体、学生亚文化网络中，教师基于成人社会的规范、教师的专业角色责任，也构成了教师亚文化网络，发挥着维护群体文化正当性、追求成人社会目标达成的作用。因此，师生交往是作为一个群体文化的代表与另一个群体文化的交往，在交往过程中实现双方价值观的进一步澄清。

3. 文化理解与对话是师生交往的核心伦理

"青年作为'过渡主体'(transitional subjects)，意味着不确定和危险性，他们要不断接受人生的改写，这使得青年属于可塑性特别强的群体。既不是成人这样，也不是儿童那样，青年总是处于两者之间的形成过程。"[①]在

---

① Nancy Lesko，Susan Talburt edited. *Keywords in Youth Studies：Tracing Affects，Movements and Knowledge*. New York：Routledge，2011：1—2.

青年的"形成过程"中，对话与理解是中学师生交往应遵循的伦理原则。中学学段的对话与理解原则，主要是在社会变迁、文化传递模式背景下，主张成人社会文化与青少年文化对话与理解。加之青少年学生身心发展逐渐成熟，使得理解与对话成为可能。

第一，后喻文化向前喻文化转变，教师权威式微。依据美国文化人类学家米德的观点，从文化传递模式的变化来看，现代社会文化传递模式更多体现出前喻文化的特点，即面向未来，"是一种全新的以开拓未来为使命的文化传递模式，代表未来的是晚辈，而不是他们的父辈和祖辈"[1]。文化传递模式的主体是年轻一代，成年人需要"再社会化"，教师传统的权威逐步式微。

第二，教师权威式微推动师生交往的理解与对话。从学校生活中可发现，中学教师越来越多表现出需要向年轻人学习的特点。莱斯克指出，"解构传统的理解青少年的方法，我们不仅要问，青年人能从我们这里学到什么，而且要问我们从他们身上学到什么？……展现了一种指向理解权力和文化之间关系的新方法论取向"[2]。理解学生文化，尊重学生文化，并摒弃"年龄歧视"，与学生展开平等对话，才能充分体现这一阶段对学生主体性、多样性的尊重与保护，也才能在良好的互动中促进教育活动的和谐。

4. 文化张力的矛盾特性使得中学教师专业伦理更具"弹性"特质

张力蕴含着矛盾，是一种对立统一的存在。为了维持对立统一的状态，矛盾的双方力量会有此消彼长的变化和协调，这就是张力的矛盾性带来的"弹性"。"弹性"特质有助于力量的对立统一的实现，否则矛盾不可化解而使得张力消失。教师文化与学生文化存在一定"弹性"就使得中学教师专业伦理也更具"弹性"特质。

首先，教师专业伦理"弹性"的基础是教师文化的"开放性"。开放性，

---

[1] ［美］玛格丽特·米德：《文化与承诺——一项关于代沟问题的研究》，93页，周晓虹、周怡译，石家庄，河北人民出版社，1987。

[2] Nancy Lesko. *Act Your Age! A Cultural Construction of Adolescence* (*Second Edition*). New York and London：Routledge Talor & Francis Group. 2012，p. 45.

意味着教师文化面向社会背景的开放，在多元文化背景下澄清教师自我价值观；开放性还意味着教师文化对学生文化的开放，了解学生文化、尊重学生文化。总之，教师专业伦理开放性特点即教师在文化传递时敞开多种文化样态，在与学生交往中接纳与包容学生文化，在自我反思中丰富自身文化内涵。

其次，教师专业伦理的"弹性"表现为教师文化与学生文化相互调适性。由于社会文化体系在不断变化中，中学生文化不成熟且不稳定，教师文化与学生文化的力量对比会产生变化，师生文化张力在学校场域中不断相互调适，达到一种较为平衡的状态。教师专业伦理的"弹性"意味着，加强文化对话而不是对抗，包容学生文化而不是排斥，引导学生成长而不是强制规训或改造学生文化。

最后，教师专业伦理"弹性"的本质是师生伦理的建构性。中学生自主性发展，初步具有自主建构能力；教师文化的开放性，也促进着建构的实现。师生都在自我建构的过程中与对方交往，在交往中建构"和而不同""求同存异"的文化。师生伦理的建构性指向两方面目标：一方面，建立师生之间的共同理解。理性地审视彼此文化特点；在相互学习过程中，彼此文化意义得到丰富。这些意义的交融与碰撞，推动师生建立共同的理解。另一方面，改善学校文化，共同建设社会文化。青少年的发展性、创造性的特点，意味着青少年与教师一起承担文化建设的任务。因此，教师专业伦理建设目标在于丰富师生文化，改善学校文化生活，师生共同建设更完善的社会文化。

五、学术职业与大学教师专业伦理的特点

李 菲

陕西师范大学教育学院副教授

大学教师的工作与中小学教师在很多方面存在明显的不同，如职业使命、工作方式、教育对象等，但最根本的区别还在于大学教师所从事的是一种学术职业。也可以说，正是学术职业的性质决定了前面诸多差异的存在。

因而"学术职业"也就成为分析大学教师专业伦理特点的一个最重要的视角。

(一)学术职业的特性与大学教师的工作

学术职业，简单来说就是以知识的发现、传播、整合和应用为工作内容的一种职业，大学教师的工作是一种典型的学术职业，具有以下具体特性。

1. 高深知识是学术职业的基础

学术职业以"高深知识"为基础。高深知识不同于一般知识，它是关于严肃事物的系统化的、专门化的高水平知识，具有深奥性。大学教师的一切工作都是基于高深知识的，他们的职责就是探索、传播、整合高深知识。高深知识也形成了大学教师与学科或专业的命运相依关系。高深知识的日益分化形成众多独立的学科，学科是大学教师的职业发展命脉，他们的学术活动与成就都建立在学科之上，对学科的忠诚度远胜于对他们所在大学的忠诚度。

此外，高深知识还定义了学术职业的内在伦理性。高深知识反映的是人类对事物客观、公正、准确的认识，也反映了人类求真的过程，更表达了人类对未知领域的好奇与渴求，它蕴含人类的探索精神、科学精神和理性精神。所以，离开高深知识，学术职业不仅背离"求真"的本义，而且会亵渎人类这种创造性的精神实践活动。

2. 崇尚学术自由是学术职业的核心精神特质

学术自由是不受任何外界压力，如经济、政治因素的不合理干扰而进行高深知识的探索、传播的自由，它是人的精神自由在学术职业中的体现。作为一项求真活动，只有理智的自由，才有探索的自由和高深知识的发现。而且求真活动只遵循人类认识事物的逻辑，服从科学研究的逻辑，不关乎其他任何因素，完全是一项思想自由的活动。所以说，学术自由与高深知识是一体两面的，学术自由是学术职业的生存环境和根基。

追求学术自由的职业生存方式形成了大学教师独特的精神气质。大学教师视野开阔、开放进取、独立自主，对强权、控制、规训极为敏感和反感，他们也具有寂寞、孤傲，甚至不合群的个性，这是因为理智自由使他们成为精神的贵族，不附庸他人。崇尚学术自由还是大学教师重要的专业伦理。附庸权势、追名逐利、缺乏批判精神等都是有违学术自由精神的，也是有损学术职业的尊严和大学作为知识殿堂的声誉的。

3. 学术共同体是学术职业伦理关系的实体

学术共同体是学术职业的基本存在形式，它以探索高深知识为使命，遵守共同的学术理念、规范和品质。在宽泛意义上，学术共同体是所有学术人的共同体，它可以是一个学科内的、一所大学内的，也可以跨越学科、大学、地区和国家的限制，它既存在于教师之间，也存在于师生之间。

大学教师面临非常多样的伦理关系，不仅涉及与职业、学生、同事、大学和社会的关系，而且涉及与知识、学科、专业组织等的关系，但这些关系都共存且整合于学术共同体中，这不同于中小学教师，他们所处的伦理关系是一个教育共同体，教师身份是基础。大学教师的所有工作是在学术共同体中展开的，也受到学术共同体的规范与监督。即使在课堂教学中教师与学生组成的是教学共同体，其基础也是学术共同体，因为大学教学意义的实现是基于高深知识的教与学的。社会服务职能也是因大学教师的学者身份而产生的，其背后是社会对大学教师专业学识和学者品质的信赖，对学术共同体的信任。总之，学术共同体是学术职业伦理关系的存在实体。

其实，大学教师职业作为一种学术职业，其意义远不止于它作为满足人的基本生存需要的手段。探索高深知识，崇尚学术自由，依存并团结在学术共同体中，使大学教师的工作充满了鲜明的志趣性、浓厚的精神性和无限的进取性，所以学术职业更是一种学术志业。

(二)学术职业视角下的大学教师专业伦理特点

"学术职业"是对大学教师职业的整体定性。从这一视角出发，我们不难发现大学教师的工作伦理呈现出以下几点明显不同于中小学学段教师伦理的特点。

1. 自由探究与理智诚实等学术精神是大学教师伦理的核心追求

任何职业都有自己一贯追求的核心价值品质，它表征职业人的生存方式，也体现其精神品格。学术职业以"高深知识"为基础，所以不同于中小学教师，大学教师与知识之间的关系是所有教育伦理关系的基础，它贯穿于学术研究、教学和社会服务。故而学术精神是大学教师伦理的核心追求，也构成其底色。学术精神是一个涵盖较广的概念，包含一切与探索高深知识有关的精神特质，如学术自由、学术创新、学术批判、学术民主等，其中有两点是最基本的，这就是自由探究与理智诚实。

伴随高等教育的发展，学术职业的身份和角色虽然发生了一定转换，但自由探索高深知识的使命始终未变。没有自由探究，就没有高深知识，大学教师的教学、文化传承、人才培养等就都将是无根之木。自由探究是以理智好奇为基础的，以探索真理为旨趣，它蕴藏学术热情与批判思维，其最高境界是马克思·韦伯所言的学术献身精神。理智诚实是对自由探究的限定，指遵循科学精神，对知识和知识探索坚持严谨、客观、真实的原则，没有理智的诚实，自由探究就会偏离科学和伦理的轨道。而且学术人在审判知识的科学性和伦理性上具有优先权和决定权，这就更加需要理智的诚实。理智诚实是学术研究的内在之义，在教学和社会服务中它同样不可或缺，正因如此，理智诚实是学术职业和大学赢得社会尊重和信任的重要基础。

2. 多重角色的交织与碰撞构成大学教师伦理的复杂样态

大学教师身担学者、师者、社会服务者的多重角色，跨越了不同领域，所以大学教师伦理越出了"教师内部"，是研究伦理、教学伦理、师生交往伦理与服务伦理等不同领域中伦理要求的综合，其中交织了学术逻辑、教育逻辑、交往逻辑和市场逻辑等多种逻辑，这就形成了大学教师伦理的复杂样态。具体表现为：一是不同角色责任之间的碰撞，如学术研究责任与教学责任；二是同一角色中不同逻辑的交织，主要显现为学术逻辑与其他逻辑之间的碰撞，如课堂教学中的学术逻辑与教育逻辑，社会服务中的市场逻辑与学术逻辑。这使大学教师更容易遭遇伦理冲突，从而面临很大的伦理失范风险，因而处理好多种角色伦理之间的关系是大学教师专业伦理有机整合的重要保障。

在这种复杂的伦理样态中，师者伦理是最易受到冲击的。一则对学术研究的过度重视冲击了师者的角色，当今世界范围内的大学教学都遭遇了质量拷问，即与此有关。二则在中小学教师伦理中，"关爱学生"是师德的灵魂，一位教师如果能真正做到关爱学生，那么他与职业、与同事和学生家长等之间的关系一定意义上都可以获得道德化的处理，因为它们都与"育人"相关联。然而在大学教师伦理体系中，学术精神虽然是核心精神，但它却不能完全整合师者伦理，而且由于各种利益考量，师者伦理常常是最容易被让渡出去的。

3. 自由与责任之间的平衡是大学教师伦理和谐的关键

在伦理世界，自由与责任始终是一种辩证的关系。自由是责任的基础，责任是对自由的一种规约。越是享有较大自由的人，越应该担负起更大的责任。自由的诉求必须与相应的责任相匹配，否则二者就会出现失衡，导致伦理失范，所以唐纳德·肯尼迪干脆说："在谈论职业时，责任和道德两个词可以互换使用。"①大学教师崇尚学术自由，这使他们比普通人对自由有更强烈的敏感性和诉求，也更容易遭遇自由与责任之间的失衡，所以平衡自由与责任之间的关系，就成为大学教师伦理和谐的关键所在。

大学教师的自由与责任间的失衡通常会表现在两个方面。一是一种角色内部，主要是作为学者的研究自由与研究责任之间的失衡。大学教师享有探究的自由，但学术探究必须遵循学术研究伦理，包括方法伦理、对象伦理、知识伦理，它们涉及学术研究对知识、研究对象和社会的责任。同时，学术自由精神可以使大学教师保持"为学术而学术"的态度，但也容易使他们形成偏执的学术认知和学术垄断，导致追求学术自由与维护良好学术秩序、民主氛围的责任之间出现失衡。此外，大学的组织机构性质会对学术自由构成保护，但也会形成一定限制，在维护学术自由与履行作为大学学术共同体中一员的责任之间会出现断裂。二是不同角色间，典型表现是学者的言论自由与师者的教育责任之间的碰撞。大学教师享有言论自由，但在培养学生上，言论自由必须是有道德限度的，它既不是向学生灌输自

_____

① [美]唐纳德·肯尼迪：《学术责任》，23 页，阎凤桥等译，北京，新华出版社，2002。

己的思想，培养追随者，也不能渗透消极价值观，因为教书育人是教育伦理的首要原则。

4. 建构性与监督性是大学教师伦理实践的突出特征

通常，在建构中小学教师伦理上，国家层面的师德建设和教师个体的伦理自觉发挥主要力量，教师专业组织的作用在各个国家有所差异。但大学教师伦理则不同，它除了依靠国家和个体的力量外，还有一个重要的职业内部力量，那就是学术共同体。学术共同体是学术职业人的归属地，它自学术职业产生之初就自发地形成了一套学术人必须遵守的稳定的、共识性的学术信念、规范和行为习惯等。所以，学术共同体赋予了大学教师伦理实践的自主建构性，恰恰是这种自主建构性确保了学术职业的属性和特征，也形成了学术职业永恒追求的学术传统。随着社会的发展，学术共同体还会主动根据学术职业出现的问题进行伦理完善。大学教师伦理的自主建构主要是通过大学、学科和专业组织等学术共同体实现的，如大学的学术环境、制度建设，学科的共同旨趣、学术传统、学科研究范式和规范，专业组织的伦理操守等。

学术共同体也促成了大学教师伦理实践的自我监督，这是由同行评议和监督实现的。在大学教师伦理中，同行评议往往比社会舆论发挥更大的监督作用，因为它关乎教师在学术共同体中的地位、声誉。一旦在学术共同体中失信、失德，大学教师的学术职业生涯必将受到重创。所以，充分发挥学术共同体的伦理建构和监督作用是推进大学教师伦理发展的非常重要的路径。

综上所述，大学教师的工作不同于中小学教师的，就在于它是一种"学术职业"。以高深知识为基础、崇尚学术自由、以学术共同体为其伦理关系的实体等学术职业的特性使得大学教师伦理独具特点。而明晰大学教师伦理的特点，笔者认为具有三方面重要意义。一是它有助于我们深入地认识学术职业与大学教师伦理之间的内在关系，明晰大学教师伦理的重心，探寻大学教师伦理的内在发展逻辑，为深化理论研究和实践探索提供基本的参照。二是它有助于帮助大学教师突破对教师伦理的经验化认知，克服以一般伦理或者中小学教师伦理简单推演大学教师伦理，以学者素养淹没师者伦理等具体师德修养问题，促使他们对教师伦理产生更为深刻的元认知，提高伦理自觉意识。三是它可以为我国高校师德建设奠定学理基础，从而增强师德规范建设的专业性、具体性，促进师德建设举措的科学性、发展性，实现师德建设与教师职业生活、专业发展的和谐统一。

附录二　政策文件

01　教育部关于印发《新时代高校教师职业行为十项准则》《新时代中小学教师职业行为十项准则》《新时代幼儿园教师职业行为十项准则》的通知

教师〔2018〕16 号

各省、自治区、直辖市教育厅（教委），新疆生产建设兵团教育局，有关部门（单位）教育司（局），部属各高等学校、部省合建各高等学校：

为深入贯彻习近平新时代中国特色社会主义思想和党的十九大精神，深入贯彻落实全国教育大会精神，扎实推进《中共中央 国务院关于全面深化新时代教师队伍建设改革的意见》的实施，进一步加强师德师风建设，我部研究制定了《新时代高校教师职业行为十项准则》《新时代中小学教师职业行为十项准则》《新时代幼儿园教师职业行为十项准则》（以下统称准则）。现印发给你们，请结合实际，认真贯彻执行。

一、准则是教师职业行为的基本规范。师德师风是评价教师队伍素质的第一标准。长期以来，广大教师牢记使命、不忘初心，爱岗敬业、教书育人，改革创新、服务社会，作出了重大贡献，党和国家高度肯定，学生、家长和社会普遍尊重。但是，也有个别教师放松自我要求，不能认真履职尽责，甚至出现严重违反师德行为，损害教师队伍整体形象。制定教师职业行为准则，明确新时代教师职业规范，针对主要问题、突出问题划定基本底线，是对广大教师的警示提醒和严管厚爱，是深化师德师风建设，造就政治素质过硬、业务能力精湛、育人水平高超的高素质教师队伍的关键之举。

二、立即部署扎实开展准则的学习贯彻。各地各校要立即行动，结合落实师德师风建设长效机制，开展准则的学习贯彻。要结合本地区、本学校实际进行细化，制定具体化的教师职业行为负面清单及失范行为处理办法，提高针对性、操作性。要做好宣传解读，坚持全覆盖、无死角，采取多种形式帮助广大教师全面理解和准确把握，做到人人应知应做、必知必做，真正把教书育人和自我修养结合起来，时刻自重、自省、自警、自励，自觉做以德立身、以德立学、以德施教、以德育德的楷模，维护教师职业形象，提振师道尊严。

三、把准则要求落实到教师管理具体工作中。要把好教师入口关，在教师招聘、引进时组织开展准则的宣讲，确保每位新入职教师知准则、守底线。要将准则要求体现在教师聘用、聘任合同中，明确有关责任。要强化考核，在教师年度考核、职称评聘、推优评先、表彰奖励等工作中必须进行师德考核，实行师德失范"一票否决"。改进师德考核方式方法，避免形式化、随意化。完善师德考核指标体系，提高科学性、实效性。

四、以有力措施坚决查处师德违规行为。各地各校要按照准则及相应的处理指导意见、处理办法要求，严格举报受理和违规查处。对于发生准则中禁止行为的，要态度坚决，一查到底，依法依规严肃惩处，绝不姑息。对于有虐待、猥亵、性骚扰等严重侵害学生行为的，一经查实，要撤销其所获荣誉、称号，追回相关奖金，依法依规撤销教师资格、解除教师职务、清除出教师队伍，同时还要录入全国教师管理信息系统，任何学校不得再聘任其从事教学、科研及管理等工作。涉嫌违法犯罪的要及时移送司法机关依法处理。要严格落实学校主体责任，建立师德建设责任追究机制，对师德违规行为监管不力、拒不处分、拖延处分或推诿隐瞒等失职失责问题，造成不良影响或严重后果的，要按照干部管理权限严肃追究责任。

各地贯彻落实准则的情况，请及时报告教育部。教育部将适时对落实情况进行督查。

教育部
2018 年 11 月 8 日

新时代高校教师职业行为十项准则

教师是人类灵魂的工程师，是人类文明的传承者。长期以来，广大教师贯彻党的教育方针，教书育人，呕心沥血，默默奉献，为国家发展和民族振兴作出了重大贡献。新时代对广大教师落实立德树人根本任务提出新的更高要求，为进一步增强教师的责任感、使命感、荣誉感，规范职业行为，明确师德底线，引导广大教师努力成为有理想信念、有道德情操、有扎实学识、有仁爱之心的好老师，着力培养德智体美劳全面发展的社会主义建设者和接班人，特制定以下准则。

一、坚定政治方向。坚持以习近平新时代中国特色社会主义思想为指导，拥护中国共产党的领导，贯彻党的教育方针；不得在教育教学活动中及其他场合有损害党中央权威、违背党的路线方针政策的言行。

二、自觉爱国守法。忠于祖国，忠于人民，恪守宪法原则，遵守法律法规，依法履行教师职责；不得损害国家利益、社会公共利益，或违背社会公序良俗。

三、传播优秀文化。带头践行社会主义核心价值观，弘扬真善美，传递正能量；不得通过课堂、论坛、讲座、信息网络及其他渠道发表、转发错误观点，或编造散布虚假信息、不良信息。

四、潜心教书育人。落实立德树人根本任务，遵循教育规律和学生成长规律，因材施教，教学相长；不得违反教学纪律，敷衍教学，或擅自从事影响教育教学本职工作的兼职兼薪行为。

五、关心爱护学生。严慈相济，诲人不倦，真心关爱学生，严格要求学生，做学生良师益友；不得要求学生从事与教学、科研、社会服务无关的事宜。

六、坚持言行雅正。为人师表，以身作则，举止文明，作风正派，自重自爱；不得与学生发生任何不正当关系，严禁任何形式的猥亵、性骚扰行为。

七、遵守学术规范。严谨治学，力戒浮躁，潜心问道，勇于探索，坚守学术良知，反对学术不端；不得抄袭剽窃、篡改侵吞他人学术成果，或滥用学术资源和学术影响。

八、秉持公平诚信。坚持原则，处事公道，光明磊落，为人正直；不得在招生、考试、推优、保研、就业及绩效考核、岗位聘用、职称评聘、评优评奖等工作中徇私舞弊、弄虚作假。

九、坚守廉洁自律。严于律己，清廉从教；不得索要、收受学生及家长财物，不得参加由学生及家长付费的宴请、旅游、娱乐休闲等活动，或利用家长资源谋取私利。

十、积极奉献社会。履行社会责任，贡献聪明才智，树立正确义利观；不得假公济私，擅自利用学校名义或校名、校徽、专利、场所等资源谋取个人利益。

新时代中小学教师职业行为十项准则

教师是人类灵魂的工程师，是人类文明的传承者。长期以来，广大教师贯彻党的教育方针，教书育人，呕心沥血，默默奉献，为国家发展和民族振兴作出了重大贡献。新时代对广大教师落实立德树人根本任务提出新的更高要求，为进一步增强教师的责任感、使命感、荣誉感，规范职业行为，明确师德底线，引导广大教师努力成为有理想信念、有道德情操、有扎实学识、有仁爱之心的好老师，着力培养德智体美劳全面发展的社会主义建设者和接班人，特制定以下准则。

一、坚定政治方向。坚持以习近平新时代中国特色社会主义思想为指导，拥护中国共产党的领导，贯彻党的教育方针；不得在教育教学活动中及其他场合有损害党中央权威、违背党的路线方针政策的言行。

二、自觉爱国守法。忠于祖国，忠于人民，恪守宪法原则，遵守法律法规，依法履行教师职责；不得损害国家利益、社会公共利益，或违背社会公序良俗。

三、传播优秀文化。带头践行社会主义核心价值观，弘扬真善美，传递正能量；不得通过课堂、论坛、讲座、信息网络及其他渠道发表、转发错误观点，或编造散布虚假信息、不良信息。

四、潜心教书育人。落实立德树人根本任务，遵循教育规律和学生成长规律，因材施教，教学相长；不得违反教学纪律，敷衍教学，或擅自从事影响教育教学本职工作的兼职兼薪行为。

五、关心爱护学生。严慈相济，诲人不倦，真心关爱学生，严格要求学生，做学生良师益友；不得歧视、侮辱学生，严禁虐待、伤害学生。

六、加强安全防范。增强安全意识，加强安全教育，保护学生安全，防范事故风险；不得在教育教学活动中遇突发事件、面临危险时，不顾学生安危，擅离职守，自行逃离。

七、坚持言行雅正。为人师表，以身作则，举止文明，作风正派，自重自爱；不得与学生发生任何不正当关系，严禁任何形式的猥亵、性骚扰行为。

八、秉持公平诚信。坚持原则，处事公道，光明磊落，为人正直；不得在招生、考试、推优、保送及绩效考核、岗位聘用、职称评聘、评优评奖等工作中徇私舞弊、弄虚作假。

九、坚守廉洁自律。严于律己，清廉从教；不得索要、收受学生及家长财物或参加由学生及家长付费的宴请、旅游、娱乐休闲等活动，不得向学生推销图书报刊、教辅材料、社会保险或利用家长资源谋取私利。

十、规范从教行为。勤勉敬业，乐于奉献，自觉抵制不良风气；不得组织、参与有偿补课，或为校外培训机构和他人介绍生源、提供相关信息。

新时代幼儿园教师职业行为十项准则

教师是人类灵魂的工程师，是人类文明的传承者。长期以来，广大教师贯彻党的教育方针，教书育人，呕心沥血，默默奉献，为国家发展和民族振兴作出了重大贡献。新时代对广大教师落实立德树人根本任务提出新的更高要求，为进一步增强教师的责任感、使命感、荣誉感，规范职业行为，明确师德底线，引导广大教师努力成为有理想信念、有道德情操、有扎实学识、有仁爱之心的好老师，着力培养德智体美劳全面发展的社会主义建设者和接班人，特制定以下准则。

一、坚定政治方向。坚持以习近平新时代中国特色社会主义思想为指导，拥护中国共产党的领导，贯彻党的教育方针；不得在保教活动中及其他场合有损害党中央权威和违背党的路线方针政策的言行。

二、自觉爱国守法。忠于祖国，忠于人民，恪守宪法原则，遵守法律法规，依法履行教师职责；不得损害国家利益、社会公共利益，或违背社会公序良俗。

三、传播优秀文化。带头践行社会主义核心价值观，弘扬真善美，传递正能量；不得通过保教活动、论坛、讲座、信息网络及其他渠道发表、转发错误观点，或编造散布虚假信息、不良信息。

四、潜心培幼育人。落实立德树人根本任务，爱岗敬业，细致耐心；不得在工作期间玩忽职守、消极怠工，或空岗、未经批准找人替班，不得利用职务之便兼职兼薪。

五、加强安全防范。增强安全意识，加强安全教育，保护幼儿安全，防范事故风险；不得在保教活动中遇突发事件、面临危险时，不顾幼儿安危，擅离职守，自行逃离。

六、关心爱护幼儿。呵护幼儿健康，保障快乐成长；不得体罚和变相体罚幼儿，不得歧视、侮辱幼儿，严禁猥亵、虐待、伤害幼儿。

七、遵循幼教规律。循序渐进，寓教于乐；不得采用学校教育方式提前教授小学内容，不得组织有碍幼儿身心健康的活动。

八、秉持公平诚信。坚持原则，处事公道，光明磊落，为人正直；不得在入园招生、绩效考核、岗位聘用、职称评聘、评优评奖等工作中徇私舞弊、弄虚作假。

九、坚守廉洁自律。严于律己，清廉从教；不得索要、收受幼儿家长财物或参加由家长付费的宴请、旅游、娱乐休闲等活动，不得推销幼儿读物、社会保险或利用家长资源谋取私利。

十、规范保教行为。尊重幼儿权益，抵制不良风气；不得组织幼儿参加以营利为目的的表演、竞赛等活动，或泄露幼儿与家长的信息。

02 教育部关于高校教师师德失范行为处理的指导意见

教师〔2018〕17 号

各省、自治区、直辖市教育厅（教委），新疆生产建设兵团教育局，有关部门（单位）教育司（局），部属各高等学校、部省合建各高等学校：

为进一步规范高校教师履职履责行为，落实立德树人根本任务，弘扬新时代高校教师道德风尚，努力建设有理想信念、有道德情操、有扎实学识、有仁爱之心的高校教师队伍，现就教师违反《高等学校教师职业道德规范》《教育部关于建立健全高校师德建设长效机制的意见》和《新时代高校教师职业行为十项准则》等规定，发生师德失范行为的处理提出如下指导意见。

一、各高校要严格落实师德建设主体责任，建立完善党委统一领导、党政齐抓共管、牵头部门明确、院（系）具体落实、教师自我约束的工作机制。党委书记和校长抓师德同责，是师德建设第一责任人。院（系）行政主要负责人对本单位师德建设负直接领导责任，院（系）党组织主要负责人也负有直接领导责任。

二、高校教师要自觉加强师德修养，严格遵守师德规范，严以律己，为人师表，把教书育人和自我修养结合起来，坚持以德立身、以德立学、以德施教、以德育人。发生师德失范行为，本人要承担相应责任。

三、对高校教师师德失范行为实行"一票否决"。高校教师出现违反师德行为的，根据情节轻重，给予相应处理或处分。情节较轻的，给予批评教育、诫勉谈话、责令检查、通报批评，以及取消其在评奖评优、职务晋升、职称评定、岗位聘用、工资晋级、干部选任、申报人才计划、申报科研项目等方面的资格。担任研究生导师的，还应采取限制招生名额、停止招生资格直至取消导师资格的处理。以上取消相关资格处理的执行期限不得少于 24 个月。情节较重应当给予处分的，还应根据《事业单位工作人员处分暂行规定》给予行政处分，包括警告、记过、降低岗位等级或撤职、开除，需要解除聘用合同的，按照《事业单位人事管理条例》相关规定进行处理。情节严重、影响恶劣的，应当依据《教师资格条例》报请主管教育部门撤销其教师资格。是中共党员的，同时给予党纪处分。涉嫌违法犯罪的，及时移送司法机关依法处理。

四、对师德失范行为的处理，应坚持公平公正、教育与惩处相结合的原则，做到事实清楚、证据确凿、定性准确、处理适当、程序合法、手续完备。

五、高校要建立健全师德失范行为受理与调查处理机制，指定或设立专门组织负责，明确受理、调查、认定、处理、复核、监督等处理程序。在教师师德失范行为调查过程中，应听取教师本人的陈述和申辩，同时当事各方均不应公开调查的有关内容。教师对处理决定不服的，按照国家有关规定提出复核、申诉。对高校教师的处理，在期满后根据悔改表现予以延期或解除，处理决定和处理解除决定都应完整存入个人人事档案。

六、高校师德师风建设要坚持权责对等、分级负责、层层落实、失责必问、问责必严的原则。对于相关单位和责任人不履行或不正确履行职责，有下列情形之一的，根据职责权限和责任划分进行问责：

（一）师德师风制度建设、日常教育监督、舆论宣传、预防工作不到位；

（二）师德失范问题排查发现不及时；

（三）对已发现的师德失范行为处置不力、方式不当；

（四）已作出的师德失范行为处理决定落实不到位，师德失范行为整改不彻底；

（五）多次出现师德失范问题或因师德失范行为引起不良社会影响；

（六）其他应当问责的失职失责情形。

七、教师出现师德失范问题，所在院（系）行政主要负责人和党组织主要负责人需向学校分别做出检讨，由学校依据有关规定视情节轻重采取约谈、诫勉谈话、通报批评、纪律处分和组织处理等方式进行问责。

八、教师出现师德失范问题，学校需向上级主管部门做出说明，并引以为戒，进行自查自纠与落实整改。如有学校反复出现师德失范问题，分管校领导应向学校做出检讨，学校应在上级主管部门督导下进行整改。

九、各地各校应当依据本意见制定高校教师师德失范行为负面清单及处理办法，并报上级主管部门备案。

十、民办高校的劳动人事管理执行《中华人民共和国劳动合同法》规定，对教师师德失范行为的处理，遵照本指导意见执行。

03　教育部等七部门印发《关于加强和改进新时代师德师风建设的意见》的通知

教师〔2019〕10 号

各省、自治区、直辖市教育厅（教委）、党委组织部、党委宣传部、发展改革委、财政厅（局）、人力资源社会保障厅（局）、文化和旅游厅（局），新疆生产建设兵团教育局、党委组织部、党委宣传部、发展改革委、财政局、人力资源社会保障局、文化体育广电和旅游局，有关部门（单位）教育司（局），部属各高等学校、部省合建各高等学校：

为深入贯彻落实习近平总书记关于教育的重要论述和全国教育大会精神，落实《新时代公民道德建设实施纲要》和《中共中央 国务院关于全面深化新时代教师队伍建设改革的意见》，加强和改进新时代师德师风建设，倡导全社会尊师重教，教育部、中央组织部、中央宣传部、国家发展改革委、财政部、人力资源社会保障部、文化和旅游部研究制定了《关于加强和改进新时代师德师风建设的意见》，现印发给你们，请结合实际认真贯彻执行。

教育部　中央组织部　中央宣传部

国家发展改革委　财政部

人力资源社会保障部　文化和旅游部

2019 年 11 月 15 日

关于加强和改进新时代师德师风建设的意见

为认真贯彻落实《新时代公民道德建设实施纲要》，深入推进实施《中共中央 国务院关于全面深化新时代教师队伍建设改革的意见》，全面提升教师思想政治素质和职业道德水平，现就加强和改进新时代师德师风建设提出如下意见。

一、加强师德师风建设的总体要求

1. 指导思想。以习近平新时代中国特色社会主义思想为指导，深入学习贯彻习近平总书记关于教育的重要论述和全国教育大会精神，把立德树人的成效作为检验学校一切工作的根本标准，把师德师风作为评价教师队伍素质的第一标准，将社会主义核心价值观贯穿师德师风建设全过程，严格制度规定，强化日常教育督导，加大教师权益保护力度，倡导全社会尊师重教，激励广大教师努力成为"四有"好老师，着力培养德智体美劳全面发展的社会主义建设者和接班人。

2. 基本原则

——坚持正确方向。加强党对教育工作的全面领导，坚持社会主义办学方向，确保教师在落实立德树人根本任务中的主体作用得到全面发挥。

——坚持尊重规律。遵循教育规律、教师成长发展规律和师德师风建设规律，注重高位引领与底线要求结合、严管与厚爱并重，不断激发教师内生动力。

——坚持聚焦重点。围绕重点内容，针对突出问题，强化各地各部门的领导责任，压实学校主体责任，引导家庭、社会协同配合，推进师德师风建设工作制度化、常态化。

——坚持继承创新。传承中华优秀师道传统，全面总结改革开放特别是党的十八大以来师德师风建设经验，适应新时代变化，加强创新，推动师德师风建设工作不断深化。

3. 总体目标。经过5年左右努力，基本建立起完备的师德师风建设制度体系和有效的师德师风建设长效机制。教师思想政治素质和职业道德水平全面提升，教师敬业立学、崇德尚美呈现新风貌。教师权益保障体系基本建立，教师安心、热心、舒心、静心从教的良好环境基本形成，师道尊严进一步提振。全社会对教师职业认同度加深，教师政治地位、社会地位、职业地位显著提高，尊师重教蔚然成风。

二、全面加强教师队伍思想政治工作

4. 坚持思想铸魂，用习近平新时代中国特色社会主义思想武装教师头脑。健全教师理论学习制度，开展习近平新时代中国特色社会主义思想系统化、常态化学习，重点加强习近平总书记关于教育的重要论述的学习，使广大教师学懂弄通、入脑入心，自觉用"四个意识"导航，用"四个自信"强基，用"两个维护"铸魂。依托高水平高校建设一批教育基地，同时统筹党校(行政学院)资源，定期开展教师思想政治轮训，使广大教师更好掌握马克思主义立场观点方法，认清中国和世界发展大势，增进对中国特色社会主义的政治认同、思想认同、理论认同、情感认同。

5. 坚持价值导向，引导教师带头践行社会主义核心价值观。将社会主义核心价值观融入教育教学全过程，体现到学校管理及校园文化建设各环节，进一步凝聚起师生员工思想共识，使之成为共同价值追求。弘扬中华优秀传统文化、革命文化和社会主义先进文化，培育科技创新文化，充分发挥文化涵养师德师风功能。身教重于言教，引导教师开展社会实践，深入了解世情、党情、国情、社情、民情，强化教育强国、教育为民的责任担当。健全教师志愿服务制度，鼓励支持广大教师参加志愿服务活动，在服务社会的实践中厚植教育情怀。重视高层次人才、海外归国教师、青年教师的教育引导，增强工作针对性。

6. 坚持党建引领，充分发挥教师党支部和党员教师作用。建强教师党支部，使教师党支部成为涵养师德师风的重要平台。建好党员教师队伍，使党员教师成为践行高尚师德的中坚力量。重视在高层次人才和优秀青年教师中发展党员工作，完善学校领导干部联系教师入党积极分子等制度。开展好"三会一课"，健全党的组织生活各项制度，通过组织集中学习、定期开展主题党日活动、经常开展谈心谈话、组织党员教师与非党员教师结对联系等，充分发挥教师党支部的战斗堡垒作用和党员教师的先锋模范作用。涉及教师利益的重要事项、重点工作，应征求教师党支部意见。

三、大力提升教师职业道德素养

7. 突出课堂育德，在教育教学中提升师德素养。充分发挥课堂主渠道作用，引导广大教师守好讲台主阵地，将立德树人放在首要位置，融入渗透到教育教学全过程，以心育心、以德育德、以人格育人格。把握学生身心发展规律，实现全员全过程全方位育人，增强育人的主动性、针对性、实效性，避免重教书轻育人倾向。加强对新入职教师、青年教师的指导，通过老带新等机制，发挥传帮带作用，使其尽快熟悉教育规律、掌握教育方法，在育人实践中锤炼高尚道德情操。将师德师风教育贯穿师范生培养及教师生涯全过程，师范生必须修学师德教育课程，在职教师培训中要确保每学年有师德师风专题教育。

8. 突出典型树德，持续开展优秀教师选树宣传。大力宣传新时代广大教师阳光美丽、爱岗敬业、甘于奉献、改革创新的新形象。深入挖掘优秀教师典型，综合运用授予荣誉、事迹报告、媒体宣传、创作文艺作品等手段，充分发挥典型引领示范和辐射带动作用。开展多层次的优秀教师选树宣传活动，形成校校有典型、榜样在身边、人人可学可做的局面。组织教师中的"时代楷模"、全国教书育人楷模、国家教学名师、最美教师等开展师德宣讲。鼓励各地各校采取实践反思、情景教学等形式，把一线优秀教师请进课堂，用真人真事诠释师德内涵。

9. 突出规则立德，强化教师的法治和纪律教育。以学习《中华人民共和国教师法》、新时代教师职业行为十项准则系列文件等为重点，提高全体教师的法治素养、规则意识，提升依法执教、规范执教能力。制订教师法治教育大纲，将法治教育纳入各级各类教师培训体系。强化纪律建设，全面梳理教师在课堂教学、关爱学生、师生关系、学术研究、社会活动等方面的纪律要求，依法依规健全规范体系，开展系统化、常态化宣传教育。加强警示教育，引导广大教师时刻自重、自省、自警、自励，坚守师德底线。

四、将师德师风建设要求贯穿教师管理全过程

10. 严格招聘引进，把好教师队伍入口。规范教师资格申请认定，完善教师招聘和引进制度，严格思想政治和师德考察，充分发挥党组织的领导和把关作用，建立科学完备的标准、程序，坚决避免教师招聘引进中的唯分数、唯文凭、唯职称、唯论文、唯帽子等倾向。鼓励有条件的地方和学校结合实际探索开展拟聘人员心理健康测评，作为聘用的重要参考。严格规范教师聘用，将思想政治和师德要求纳入教师聘用合同。加强试用期考察，全面评价聘用人员的思想政治和师德表现，对不合格人员取消聘用，及时解除聘用合同。高度重视从海外引进人才的全方位考察，提升人才引进质量。

11. 严格考核评价，落实师德第一标准。将师德考核摆在教师考核的首要位置，坚持多主体多元评价，以事实为依据，定性与定量相结合，提高评价的科学性和实效性，全面客观评价教师的师德表现。发挥师德考核对教师行为的约束和提醒作用，及时将考核发现的问题向教师反馈，并采取针对性举措帮助教师提高认识、加强整改。强化师德考核结果的运用，师德考核不合格者年度考核应评定为不合格，并取消在教师职称评聘、推优评先、表彰奖励、科研和人才项目申请等方面的资格。

12. 严格师德督导，建立多元监督体系。完善多方广泛参与、客观公正科学合理的师德师风监督机制。加强政府督导，将各级各类学校师德师风建设长效机制落实情况作为对地方政府履行教育职责评价的重要测评内容，针对群众反映强烈的问题、师德师风问题多发的地方开展专项督导。加强学校监督，各级各类学校要在校园显著位置公示学校及教育主管部门举报电话、邮箱等信息，依法依规接受监督举报。强化社会监督，探索建立师德师风监督员制度，定期对学校师德师风建设情况进行监督评议，向教育主管部门反馈，将监督评议情况作为学校及领导班子年度考核的重要内容。

13. 严格违规惩处，治理师德突出问题。推动地方和高校落实新时代教师职业行为十项准则等文件规范，制定具体细化的教师职业行为负面清

单。把群众反映强烈、社会影响恶劣的突出问题作为重点从严查处，针对高校教师性骚扰学生、学术不端以及中小学教师违规有偿补课、收受学生和家长礼品礼金等开展集中治理。一经查实，要依规依纪给予组织处理或处分，严重的依法撤销教师资格、清除出教师队伍。建立师德失范曝光平台，健全师德违规通报制度，起到警示震慑作用。建立并共享有关违法信息库，健全教师入职查询制度和有关违法犯罪人员从教限制制度。

五、着力营造全社会尊师重教氛围

14. 强化地位提升，激发教师工作热情。制定教育改革发展和教师队伍建设重大决策、重要文件充分听取教师代表意见。各地重要节庆日活动，邀请优秀教师代表参加。做好优秀教师表彰奖励，依法依规在作出重大贡献、享有崇高声誉的教师中开展"人民教育家"荣誉称号评选授予工作，健全教书育人楷模、模范教师、优秀教师等多元的教师荣誉表彰体系。完善表彰奖励及管理办法，依法依规确定荣誉获得者享受的政治、生活待遇，加强对荣誉获得者后续支持服务。

15. 强化权利保护，维护教师职业尊严。维护教师依法执教的职业权利，推动完善相关法律法规，明确教师教育管理学生的合法职权，研究出台教师惩戒权办法。学校和相关部门依法保障教师履行教育职责，对无过错但客观上发生学生意外伤害的，教师依法不承担责任。教师尊严不可侵害，对发生学生、家长及其亲属等因为教师履职行为而对教师进行侮辱、谩骂、肢体侵害，或者通过网络对教师进行诽谤、恶意炒作等行为，有关部门要高度重视，从严处理，构成违法犯罪的，依法追究相应责任。学校及教育部门应为教师维护合法权益提供必要的法律等方面支持。

16. 强化尊师教育，厚植校园师道文化。从幼儿园开始加强尊师教育，加快形成接续我国优秀传统、符合时代精神的尊师重教文化。推进尊师文化进教材、进课堂、进校园，通过尊师第一课、9月尊师主题月等形式，将尊师重教观念渗透进学生的价值体系。有条件的地方和学校可结合实际统筹有关资源，因地制宜安排一线教师特别是长期从教教师进行疗休养，重点向符合条件的班主任和乡村教师倾斜。做好教师荣休工作，礼敬退休教师，弘扬尊师风尚。建立健全教职工代表大会制度，保障教师参与学校决策的民主权利。加强家庭教育，健全家校联系制度，引导家长尊重学校教育安排，尊敬教师创造发挥，配合学校做好学生的学习教育。

17. 强化各方联动，营造尊师重教氛围。加强展现新时代教师风貌的影视文学作品创作，善用微博、微信、微视频、微电影等新媒体形式，传递教师正能量，让全社会广泛了解教师工作的重要性和特殊性。支持鼓励行业企业在向社会公众提供服务时"教师优先"。鼓励图书馆、博物馆、科技馆、体育场馆以及历史文化古迹和革命纪念馆（地）等对教师实行优待。鼓励社会团体、企业、民间组织对教师出资奖励，或通过依法成立基金、设立项目等方式，支持教师提升能力素质、进行疗休养或予以奖励激励。

六、推进师德师风建设任务落到实处

18. 加强工作保障，强化责任落实。各地各校要把加强师德师风建设、弘扬尊师重教传统作为教师队伍建设的首要任务，夯实学校主体责任，压实学校主要负责人第一责任人责任。高校要强化党委教师工作部建设，明确将教师思想政治和师德师风建设作为其主要职责。各地各校要建立健全责任落实机制，坚持失责必问、问责必严。财政部门要坚持将教师队伍建设作为教育投入重点予以优先保障，按规定统筹现有资金渠道支持师德师风建设。依托现有资源，建设一批师德师风建设基地，加强工作支撑，提高师德师风建设工作的科学性、实效性。

04 教育部关于印发《研究生导师指导行为准则》的通知

教研〔2020〕12 号

各省、自治区、直辖市教育厅（教委），新疆生产建设兵团教育局，有关部门（单位）教育司（局），部属各高等学校、部省合建各高等学校：

为深入学习贯彻党的十九大和十九届二中、三中、四中、五中全会精神，全面贯彻落实全国教育大会、全国研究生教育会议精神，加强研究生导师队伍建设，规范研究生导师指导行为，全面落实研究生导师立德树人职责，我部研究制定了《研究生导师指导行为准则》(以下简称准则)。现印发给你们，请结合实际认真贯彻执行。

一、准则是研究生导师指导行为的基本规范。研究生培养的第一责任人，肩负着为国家培养高层次创新人才的重要使命。长期以来，广大研究生导师立德修身、严谨治学、潜心育人，为国家发展作出了重大贡献，但个别导师存在指导精力投入不足、质量把关不严、师德失范等问题。制定导师指导行为准则，划定基本底线，是进一步完善导师岗位管理制度，明确导师岗位职责，建设一流研究生导师队伍的重要举措。

二、认真做好部署，全面贯彻落实。各地各校要结合研究生导师队伍建设实际，扎实开展准则的学习贯彻。要做好宣传解读，帮助导师全面了解准则内容，做到全员知晓。要完善相关制度，将准则真正贯彻落实到研究生招生培养全方位、全过程，强化岗位聘任、评奖评优、绩效考核等环节的审核把关。

三、强化监督指导，依法处置违规行为。各地各校要落实学校党委书记和校长师德建设第一责任人责任、院(系)行政主要负责人和党组织主要负责人直接领导责任，按照准则要求，依法依规建立研究生导师指导行为违规责任认定和追究机制，强化监督问责。对确认违反准则的相关责任人和责任单位，要按照《教育部关于高校教师师德失范行为处理的指导意见》(教师〔2018〕17号)和本单位相关规章制度进行处理。对违反准则的导师，培养单位要依规采取约谈、限招、停招直至取消导师资格等处理措施；对情节严重、影响恶劣的，一经查实，要坚决清除出教师队伍；涉嫌违法犯罪的移送司法机关处理。对导师违反准则造成不良影响的，所在院(系)行政主要负责人和党组织主要负责人需向学校分别作出检讨，由学校依据有关规定视情节轻重采取约谈、诫勉谈话、通报批评、纪律处分和组织处理等方式进行问责。我部将导师履行准则的情况纳入学位授权点合格评估和"双一流"监测指标体系中，对导师违反准则造成不良影响的高校，将视情核减招生计划、限制申请新增学位授权，情节严重的，将按程序取消相关学科的学位授权。

各地各校贯彻落实准则情况，请及时报告我部。我部将适时对落实情况进行督查。

教育部

2020 年 10 月 30 日

研究生导师指导行为准则

导师是研究生培养的第一责任人，肩负着培养高层次创新人才的崇高使命。长期以来，广大导师贯彻党的教育方针，立德修身、严谨治学、潜心育人，为研究生教育事业发展和创新型国家建设作出了突出贡献。为进一步加强研究生导师队伍建设，规范指导行为，努力造就有理想信念、有道德情操、有扎实学识、有仁爱之心的新时代优秀导师，在《教育部关于全面落实研究生导师立德树人职责的意见》(教研〔2018〕1 号)、《新时代高校教师职业行为十项准则》基础上，制定以下准则。

一、坚持正确思想引领。坚持以习近平新时代中国特色社会主义思想为指导，模范践行社会主义核心价值观，强化对研究生的思想政治教育，引导研究生树立正确的世界观、人生观、价值观，增强使命感、责任感，既做学业导师又做人生导师。不得有违背党的理论和路线方针政策、违反国家法律法规、损害党和国家形象、背离社会主义核心价值观的言行。

二、科学公正参与招生。在参与招生宣传、命题阅卷、复试录取等工作中，严格遵守有关规定，公平公正，科学选才。认真完成研究生考试命题、复试、录取等各环节工作，确保录取研究生的政治素养和业务水平。不得组织或参与任何有可能损害考试招生公平公正的活动。

三、精心尽力投入指导。根据社会需求、培养条件和指导能力，合理调整自身指导研究生数量，确保足够的时间和精力提供指导，及时督促指导研究生完成课程学习、科学研究、专业实习实践和学位论文写作等任务；采用多种培养方式，激发研究生创新活力。不得对研究生的学业进程及面临的学业问题疏于监督和指导。

四、正确履行指导职责。遵循研究生教育规律和人才成长规律，因材施教；合理指导研究生学习、科研与实习实践活动；综合开题、中期考核等关键节点考核情况，提出研究生分流退出建议。不得要求研究生从事与学业、科研、社会服务无关的事务，不得违规随意拖延研究生毕业时间。

五、严格遵守学术规范。秉持科学精神，坚持严谨治学，带头维护学术尊严和科研诚信；以身作则，强化研究生学术规范训练，尊重他人劳动成果，杜绝学术不端行为，对与研究生联合署名的科研成果承担相应责任。不得有违反学术规范、损害研究生学术科研权益等行为。

六、把关学位论文质量。加强培养过程管理，按照培养方案和时间节点要求，指导研究生做好论文选题、开题、研究及撰写等工作；严格执行学位授予要求，对研究生学位论文质量严格把关。不得将不符合学术规范和质量要求的学位论文提交评审和答辩。

七、严格经费使用管理。鼓励研究生积极参与科学研究、社会实践和学术交流，按规定为研究生提供相应经费支持，确保研究生正当权益。不得以研究生名义虚报、冒领、挪用、侵占科研经费或其他费用。

八、构建和谐师生关系。落实立德树人根本任务，加强人文关怀，关注研究生学业、就业压力和心理健康，建立良好的师生互动机制。不得侮辱研究生人格，不得与研究生发生不正当关系。

科研失信行为调查处理规则

第一章 总 则

第一条 为规范科研失信行为调查处理工作，贯彻中共中央办公厅、国务院办公厅《关于进一步加强科研诚信建设的若干意见》精神，根据《中华人民共和国科学技术进步法》《中华人民共和国高等教育法》等规定，制定本规则。

第二条 本规则所称的科研失信行为是指在科学研究及相关活动中发生的违反科学研究行为准则与规范的行为，包括：

（一）抄袭剽窃、侵占他人研究成果或项目申请书；

（二）编造研究过程、伪造研究成果，买卖实验研究数据，伪造、篡改实验研究数据、图表、结论、检测报告或用户使用报告等；

（三）买卖、代写、代投论文或项目申报验收材料等，虚构同行评议专家及评议意见；

（四）以故意提供虚假信息等弄虚作假的方式或采取请托、贿赂、利益交换等不正当手段获得科研活动审批，获取科技计划（专项、基金等）项目、科研经费、奖励、荣誉、职务职称等；

（五）以弄虚作假方式获得科技伦理审查批准，或伪造、篡改科技伦理审查批准文件等；

（六）无实质学术贡献署名等违反论文、奖励、专利等署名规范的行为；

（七）重复发表，引用与论文内容无关的文献，要求作者非必要地引用特定文献等违反学术出版规范的行为；

（八）其他科研失信行为。

本规则所称抄袭剽窃、伪造、篡改、重复发表等行为按照学术出版规范及相关行业标准认定。

第三条　有关主管部门和高等学校、科研机构、医疗卫生机构、企业、社会组织等单位对科研失信行为不得迁就包庇，任何单位和个人不得阻挠、干扰科研失信行为的调查处理。

第四条　科研失信行为当事人及证人等应积极配合调查，如实说明情况、提供证据，不得伪造、篡改、隐匿、销毁证据材料。

第二章　职责分工

第五条　科技部和中国社科院分别负责统筹自然科学和哲学社会科学领域的科研失信行为调查处理工作。有关科研失信行为引起社会普遍关注或涉及多个部门（单位）的，可组织开展联合调查处理或协调不同部门（单位）分别开展调查处理。

主管部门负责指导和监督本系统的科研失信行为调查处理工作，建立健全重大科研失信事件信息报送机制，并可对本系统发生的科研失信行为独立组织开展调查处理。

第六条　科研失信行为被调查人是自然人的，一般由其被调查时所在单位负责调查处理；没有所在单位的，由其所在地的科技行政部门或哲学社会科学科研诚信建设责任单位负责组织开展调查处理。调查涉及被调查人在其他曾任职或求学单位实施的科研失信行为的，所涉单位应积极配合开展调查处理并将调查处理情况及时送被调查人所在单位。牵头调查单位应根据本规则要求，负责对其他参与调查单位的调查程序、处理尺度等进行审核把关。

被调查人是单位主要负责人或法人、非法人组织的，由其上级主管部门负责组织开展调查处理。没有上级主管部门的，由其所在地的科技行政部门或哲学社会科学科研诚信建设责任单位负责组织开展调查处理。

第七条　财政性资金资助的科技计划（专项、基金等）项目的申报、评审、实施、结题、成果发布等活动中的科研失信行为，由科技计划（专项、基金等）项目管理部门（单位）负责组织调查处理。项目申报推荐单位、项目承担单位、项目参与单位等应按照项目管理部门（单位）的要求，主动开展并积极配合调查，依据职责权限对违规责任人作出处理。

第八条　科技奖励、科技人才申报中的科研失信行为，由科技奖励、科技人才管理部门（单位）负责组织调查，并分别依据管理职责权限作出相应处理。科技奖励、科技人才推荐（提名）单位和申报单位应积极配合并主动开展调查处理。

第九条　论文发表中的科研失信行为，由第一通讯作者的第一署名单位牵头调查处理；没有通讯作者的，由第一作者的第一署名单位牵头调查处理。作者的署名单位与所在单位不一致的，由所在单位牵头调查处理，署名单位应积极配合。论文其他作者所在单位应积极配合牵头调查单位，做好对本单位作者的调查处理，并及时将调查处理情况书面反馈牵头调查单位。

学位论文涉嫌科研失信行为的，由学位授予单位负责调查处理。

发表论文的期刊或出版单位有义务配合开展调查，应主动对论文是否违背科研诚信要求开展调查，并应及时将相关线索和调查结论、处理决定等书面反馈牵头调查单位、作者所在单位。

第十条　负有科研失信行为调查处理职责的相关单位，应明确本单位承担调查处理职责的机构，负责登记、受理、调查、处理、复查等工作。

第三章　调查

第一节　举报和受理

第十一条　举报科研失信行为可通过下列途径进行：

（一）向被举报人所在单位举报；

（二）向被举报人所在单位的上级主管部门或相关管理部门举报；

（三）向科技计划（专项、基金等）项目、科技奖励、科技人才计划等的管理部门（单位）举报；

（四）向发表论文的期刊或出版单位举报；

（五）其他途径。

第十二条　举报科研失信行为应同时满足下列条件：

（一）有明确的举报对象；

（二）举报内容属于本规则第二条规定的范围；

（三）有明确的违规事实；

（四）有客观、明确的证据材料或可查证线索。

鼓励实名举报，不得捏造、歪曲事实，不得诬告、陷害他人。

第十三条　对具有下列情形之一的举报，不予受理：

（一）举报内容不属于本规则第二条规定的范围；

（二）没有明确的证据和可查证线索的；

（三）对同一对象重复举报且无新的证据、线索的；

（四）已经作出生效处理决定且无新的证据、线索的。

第十四条　接到举报的单位应在15个工作日内提出是否受理的意见并通知实名举报人，不予受理的应说明情况。符合本规则第十二条规定且属于本单位职责范围的，应予以受理；不属于本单位职责范围的，可转送相关责任单位或告知举报人向相关责任单位举报。

举报人可以对不予受理提出异议并说明理由；异议不成立的，不予受理。

第十五条　下列科研失信行为线索，符合受理条件的，有关单位应主动受理，主管部门应加强督查。

（一）上级机关或有关部门移送的线索；

（二）在日常科研管理活动中或科技计划（专项、基金等）项目、科技奖励、科技人才管理等工作中发现的问题线索；

（三）媒体、期刊或出版单位等披露的线索。

第二节　调查

第十六条　调查应制订调查方案，明确调查内容、人员、方式、进度安排、保障措施、工作纪律等，经单位相关负责人批准后实施。

第十七条　调查应包括行政调查和学术评议。行政调查由单位组织对相关事实情况进行调查，包括对相关原始实验数据、协议、发票等证明材料和研究过程、获利情况等进行核对验证。学术评议由单位委托本单位学术（学位、职称）委员会或根据需要组成专家组，对涉及的学术问题进行评议。专家组应不少于5人，根据需要由相关领域的同行科技专家、管理专家、科研诚信专家、科技伦理专家等组成。

第十八条　调查需要与被调查人、证人等谈话的，参与谈话的调查人员不得少于2人，谈话内容应书面记录，并经谈话人和谈话对象签字确认，在履行告知程序后可录音、录像。

第十九条　调查人员可按规定和程序调阅、摘抄、复印相关资料，现场察看相关实验室、设备等。调阅相关资料应书面记录，由调查人员和资料、设备管理人签字确认，并在调查处理完成后退还管理人。

第二十条　调查中应当听取被调查人的陈述和申辩，对有关事实、理由和证据进行核实。可根据需要要求举报人补充提供材料，必要时可开展重复实验或委托第三方机构独立开展测试、评估或评价，经举报人同意可组织举报人与被调查人就有关学术问题当面质证。严禁以威胁、引诱、欺骗以及其他非法手段收集证据。

第二十一条　调查中发现被调查人的行为可能影响公众健康与安全或导致其他严重后果的，调查人员应立即报告，或按程序移送有关部门处理。

第二十二条　调查中发现第三方中介服务机构涉嫌从事论文及其实验研究数据、科技计划（专项、基金等）项目申报验收材料等的买卖、代写、代投服务的，应及时报请有关主管部门依法依规调查处理。

第二十三条　调查中发现关键信息不充分或暂不具备调查条件的，可经单位相关负责人批准中止调查。中止调查的原因消除后，应及时恢复调查，中止的时间不计入调查时限。

调查期间被调查人死亡的，终止对其调查，但不影响对涉及的其他被调查人的调查。

第二十四条　调查结束应形成调查报告。调查报告应包括线索来源、举报内容、调查组织、调查过程、事实认定及相关当事人确认情况、调查结论、处理意见建议及依据，并附证据材料。调查报告须由全体调查人员签字。一般应在调查报告形成后的 15 个工作日内将相关调查处理情况书面告知参与调查单位或其他具有处理权限的单位。

需要补充调查的，应根据补充调查情况重新形成调查报告。

第二十五条　科研失信行为的调查处理应自决定受理之日起 6 个月内完成。

因特别重大复杂在前款规定期限内仍不能完成调查的，经单位负责人批准后可延长调查期限，延长时间一般不超过 6 个月。对上级机关和有关部门移送的，调查延期情况应向移送机关或部门报告。

第四章　处理

第二十六条　被调查人科研失信行为的事实、情节、性质等最终认定后，由具有处理权限的单位按程序对被调查人作出处理决定。

第二十七条　处理决定作出前，应书面告知被调查人拟作出处理决定的事实、依据，并告知其依法享有陈述与申辩的权利。被调查人逾期没有进行陈述或申辩的，视为放弃权利。被调查人作出陈述或申辩的，应充分听取其意见。

第二十八条　处理决定书应载明以下内容：

（一）被处理人的基本情况（包括姓名或名称，身份证件号码或社会信用代码等）；

（二）认定的事实及证据；

（三）处理决定和依据；

（四）救济途径和期限；

（五）其他应载明的内容。

作出处理决定的单位负责向被处理人送达书面处理决定书，并告知实名举报人。有牵头调查单位的，应同时将处理决定书送牵头调查单位。对于上级机关和有关部门移送的，应将处理决定书和调查报告报送移送单位。

第二十九条　处理措施的种类：

（一）科研诚信诚勉谈话；

（二）一定范围内公开通报；

（三）暂停科技计划（专项、基金等）项目等财政性资金支持的科技活动，限期整改；

（四）终止或撤销利用科研失信行为获得的科技计划（专项、基金等）项目等财政性资金支持的科技活动，追回结余资金，追回已拨财政资金；

（五）一定期限禁止承担或参与科技计划（专项、基金等）项目等财政性资金支持的科技活动；

（六）撤销利用科研失信行为获得的相关学术奖励、荣誉等并追回奖金，撤销利用科研失信行为获得的职务职称；

（七）一定期限取消申请或申报科技奖励、科技人才称号和职务职称晋升等资格；

（八）取消已获得的院士等高层次专家称号，学会、协会、研究会等学术团体以及学术、学位委员会等学术工作机构的委员或成员资格；

（九）一定期限取消作为提名或推荐人、被提名或被推荐人、评审专家等资格；

（十）一定期限减招、暂停招收研究生直至取消研究生导师资格；

（十一）暂缓授予学位；

（十二）不授予学位或撤销学位；

（十三）记入科研诚信严重失信行为数据库；

（十四）其他处理。

上述处理措施可合并使用。给予前款第五、七、九、十项处理的，应同时给予前款第十三项处理。被处理人是党员或公职人员的，还应根据《中国共产党纪律处分条例》《中华人民共和国公职人员政务处分法》等规定，由有管辖权的机构给予处理或处分；其他适用组织处理或处分的，由有管辖权的机构依规依纪依法给予处理或处分。构成犯罪的，依法追究刑事责任。

第三十条　对科研失信行为情节轻重的判定应考虑以下因素：

（一）行为偏离科技界公认行为准则的程度；

（二）是否有造假、欺骗，销毁、藏匿证据，干扰、妨碍调查或打击、报复举报人的行为；

（三）行为造成不良影响的程度；

（四）行为是首次发生还是屡次发生；

（五）行为人对调查处理的态度；

（六）其他需要考虑的因素。

第三十一条　有关机构或单位有组织实施科研失信行为，或在调查处理中推诿、包庇，打击报复举报人、证人、调查人员的，主管部门应依据相关法律法规等规定，撤销该机构或单位因此获得的相关利益、荣誉，给予公开通报，暂停拨款或追回结余资金、追回已拨财政资金，禁止一定期限内承担或参与财政性资金支持的科技活动等本规则第二十九条规定的相应处理，并按照有关规定追究其主要负责人、直接负责人的责任。

第三十二条　经调查认定存在科研失信行为的，应视情节轻重给予以下处理：

（一）情节较轻的，给予本规则第二十九条第一项、第三项、第十一项相应处理；

（二）情节较重的，给予本规则第二十九条第二项、第四至第十项、第十二项、第十三项相应处理，其中涉及取消或禁止期限的，期限为 3 年以内；

（三）情节严重的，给予本规则第二十九条第二项、第四至第十项、第十二项、第十三项相应处理，其中涉及取消或禁止期限的，期限为 3 至 5 年；

（四）情节特别严重的，给予本规则第二十九条第二项、第四至第十项、第十二项、第十三项相应处理，其中涉及取消或禁止期限的，期限为 5 年以上。

存在本规则第二条第一至第五项规定情形之一的，处理不应低于前款第二项规定的尺度。

第三十三条　给予本规则第三十二条第二、三、四项处理的被处理人正在申报财政性资金支持的科技活动或被推荐为相关候选人、被提名人、被推荐人等的，终止其申报资格或被提名、被推荐资格。

第三十四条　有下列情形之一的，可从轻处理：

（一）有证据显示属于过失行为且未造成重大影响的；

（二）过错程度较轻且能积极配合调查的；

（三）在调查处理前主动纠正错误，挽回损失或有效阻止危害结果发生的；

（四）在调查中主动承认错误，并公开承诺严格遵守科研诚信要求、不再实施科研失信行为的。

论文作者在被举报前主动撤稿且未造成较大负面影响的，可从轻或免予处理。

第三十五条　有下列情形之一的，应从重处理：

（一）伪造、篡改、隐匿、销毁证据的；

（二）阻挠他人提供证据，或干扰、妨碍调查核实的；

（三）打击、报复举报人、证人、调查人员的；

（四）存在利益输送或利益交换的；

（五）有组织地实施科研失信行为的；

（六）多次实施科研失信行为或同时存在多种科研失信行为的；

（七）证据确凿、事实清楚而拒不承认错误的。

第三十六条　根据本规则给予被处理人记入科研诚信严重失信行为数据库处理的，处理决定由省级及以下地方相关单位作出的，处理决定作出单位应在决定生效后 10 个工作日内将处理决定书和调查报告报送上级主管部门和所在地省级科技行政部门。省级科技行政部门应在收到之日起 10 个工作日内通过科研诚信管理信息系统按规定汇交科研诚信严重失信行为数据信息，并将处理决定书和调查报告报送科技部。

处理决定由国务院部门及其所属（含管理）单位作出的，由该部门在处理决定生效后 10 个工作日内通过科研诚信管理信息系统按规定汇交科研诚信严重失信行为数据信息，并将处理决定书和调查报告报送科技部。

第三十七条　有关部门和地方依法依规对记入科研诚信严重失信行为数据库的相关被处理人实施联合惩戒。

第三十八条　被处理人科研失信行为涉及科技计划（专项、基金等）项目、科技奖励、科技人才等的，调查处理单位应将处理决定书和调查报告同时报送科技计划（专项、基金等）项目、科技奖励、科技人才管理部门（单位）。科技计划（专项、基金等）项目、科技奖励、科技人才管理部门（单位）应依据经查实的科研失信行为，在职责范围内对被处理人作出处理，并制作处理决定书，送达被处理人及其所在单位。

第三十九条　对经调查未发现存在科研失信行为的，调查单位应及时以适当方式澄清。

对举报人捏造歪曲事实、诬告陷害他人的，举报人所在单位应依据相关规定对举报人严肃处理。

第四十条　处理决定生效后，被处理人如果通过全国性媒体公开作出严格遵守科研诚信要求、不再实施科研失信行为承诺，或对国家和社会作出重大贡献的，作出处理决定的单位可根据被处理人申请对其减轻处理。

第五章　申诉复查

第四十一条　举报人或被处理人对处理决定不服的，可在收到处理决定书之日起 15 个工作日内，按照处理决定书载明的救济途径向作出调查处理决定的单位或部门书面提出申诉，写明理由并提供相关证据或线索。

调查处理单位（部门）应在收到申诉之日起 15 个工作日内作出是否受理决定并告知申诉人，不予受理的应说明情况。

决定受理的，另行组织调查组或委托第三方机构，按照本规则的调查程序开展复查，并向申诉人反馈复查结果。

第四十二条　举报人或被处理人对复查结果不服的，可向调查处理单位的上级主管部门书面提出申诉，申诉必须明确理由并提供充分证据。对国务院部门作出的复查结果不服的，向作出该复查结果的国务院部门书面提出申诉。

上级主管部门应在收到申诉之日起 15 个工作日内作出是否受理决定。仅以对调查处理结果和复查结果不服为由，不能说明其他理由并提供充分证据，或以同一事实和理由提出申诉的，不予受理。决定受理的，应组织复核，复核结果为最终结果。

第四十三条　复查、复核应制作复查、复核意见书，针对申诉人提出的理由给予明确回复。复查、复核原则上均应自受理之日起 90 个工作日内完成。

第六章　保障与监督

第四十四条　参与调查处理工作的人员应秉持客观公正，遵守工作纪律，主动接受监督。要签署保密协议，不得私自留存、隐匿、摘抄、复制或泄露问题线索和调查资料，未经允许不得透露或公开调查处理工作情况。

委托第三方机构开展调查、测试、评估或评价时，应履行保密程序。

第四十五条　调查处理应严格执行回避制度。参与科研失信行为调查处理人员应签署回避声明。被调查人或举报人近亲属、本案证人、利害关系人、有研究合作或师生关系或其他可能影响公正调查处理情形的，不得参与调查处理工作，应主动申请回避。被调查人、举报人有权要求其回避。

第四十六条　调查处理应保护举报人、被举报人、证人等的合法权益，不得泄露相关信息，不得将举报材料转给被举报人或被举报单位等利益相关方。对于调查处理过程中索贿受贿、违反保密和回避制度、泄露信息的，依法依规严肃处理。

第四十七条 高等学校、科研机构、医疗卫生机构、企业、社会组织等是科研失信行为调查处理第一责任主体，应建立健全调查处理工作相关的配套制度，细化受理举报、科研失信行为认定标准、调查处理程序和操作规程等，明确单位科研诚信负责人和内部机构职责分工，保障工作经费，加强对相关人员的培训指导，抓早抓小，并发挥聘用合同（劳动合同）、科研诚信承诺书和研究数据管理政策等在保障调查程序正当性方面的作用。

第四十八条 高等学校、科研机构、医疗卫生机构、企业、社会组织等不履行科研失信行为调查处理职责的，由主管部门责令其改正。拒不改正的，对负有责任的领导人员和直接责任人员依法依规追究责任。

第四十九条 科技部和中国社科院对自然科学和哲学社会科学领域重大科研失信事件应加强信息通报与公开。

科研诚信建设联席会议各成员单位和各地方应加强科研失信行为调查处理的协调配合、结果互认、信息共享和联合惩戒等工作。

第七章 附 则

第五十条 本规则下列用语的含义：

（一）买卖实验研究数据，是指未真实开展实验研究，通过向第三方中介服务机构或他人付费获取实验研究数据。委托第三方进行检验、测试、化验获得检验、测试、化验数据，因不具备条件委托第三方按照委托方提供的实验方案进行实验获得原始实验记录和数据，通过合法渠道获取第三方调查统计数据或相关公共数据库数据，不属于买卖实验研究数据。

（二）代投，是指论文提交、评审意见回应等过程不是由论文作者完成而是由第三方中介服务机构或他人代理。

（三）实质学术贡献，是指对研究思路、设计以及分析解释实验研究数据等有重要贡献，起草论文或在重要的知识性内容上对论文进行关键性修改，对将要发表的版本进行最终定稿等。

（四）被调查人所在单位，是指调查时被调查人的劳动人事关系所在单位。被调查人是学生的，调查处理由其学籍所在单位负责。

（五）从轻处理，是指在本规则规定的科研失信行为应受到的处理幅度以内，给予较轻的处理。

（六）从重处理，是指在本规则规定的科研失信行为应受到的处理幅度以内，给予较重的处理。

本规则所称的"以上""以内"不包括本数，所称的"3 至 5 年"包括本数。

第五十一条　各有关部门和单位可依据本规则结合实际情况制定具体细则。

第五十二条　科研失信行为被调查人属于军队管理的，由军队按照其有关规定进行调查处理。

相关主管部门已制定本行业、本领域、本系统科研失信行为调查处理规则且处理尺度不低于本规则的，可按照已有规则开展调查处理。

第五十三条　本规则自发布之日起实施，由科技部和中国社科院负责解释。《科研诚信案件调查处理规则（试行）》（国科发监〔2019〕323 号）同时废止。

05　全美教育协会（NEA）《道德规范》[①]

（1975 年全美教育协会代表大会通过，2010 年修订）

序言

全美教育协会认为，教育行业由服务所有学生需求的教育工作者构成，"教育工作者"应包含支持教育的专业人士。

教育工作者尊重每一个人的价值和尊严，从而认识到追求真理、力争卓越和培养民主信念，具有至高无上的意义。这些目标的根本，在于保障学和教的自由，并且确保所有人享有平等的教育机会。教育工作者接受这

---

① 转引自：檀传宝、王丽娟译：《全美教育协会〈道德规范〉》，载《中国教师》，2005(7)，略有增改。

种职责，恪守最高的伦理标准。

教育工作者认识到教学过程与固有责任息息相关，渴望得到同事、学生、家长以及社区成员的尊重和信任，勉力从事，借以取得并保持最高程度的职业操守。《道德规范》表明全体教育工作者的期望，并提供判断品行的标准。对违反本规范任何条款的纠正措施，应由全美教育协会或其分会制订；本规范的任何条款，都不得以全美教育协会或其分会特别规定之外的任何形式强加推行。

原则一：对学生的义务

教育工作者力争帮助每个学生实现其潜能，使之成为有价值而又有效率的社会成员。

因此，教育工作者为激发探究的精神，帮助学生获得知识和理解力，以及有价值地构建价值目标。

在履行对学生的义务时，教育工作者——

1. 不得无故压制学生的自主学习。

2. 不得无故阻止学生接触各种不同的观点。

3. 不得故意隐瞒或歪曲与学生进步有关的教材。

4. 必须采取合理的措施保护学生，使其在学习、健康和安全方面免受伤害。

5. 不得有意为难或者贬低学生。

6. 不得因种族、肤色、教义、性别、国籍、婚姻状况、政治或宗教信仰、家庭、社会或文化背景或是性取向差异而不公平地：

a. 排斥任何学生参与到教学活动中；

b. 剥夺任何学生的任何利益；

c. 给予任何学生以特权。

7. 不得利用与学生的专业关系谋取私利。

8. 除非出于令人信服的专业目的或者出于法律的要求，不得泄露专业服务过程中获得的学生的任何信息。

原则二：对本专业的义务

公众赋予教育专业以信赖和责任，这就要求教育工作者拥有和追求专业服务的最高理想。教育专业的服务质量直接影响国家和公民的利益。基于这种信念，教育工作者必须竭尽全力提高专业水平，推动形成鼓励专业判断的风气，争取条件以吸引贤能加入教育事业的氛围，并且协助阻止不合格者从事教育专业。

在履行对本专业的义务时，教育工作者——

1. 在申请某一专业职位时，不得故意作虚假的陈述或者隐瞒与能力和资格有关的重要事实。

2. 不得出具不符合事实的专业资格证明。

3. 不得协助任何在品德、教育程度或者其他相关品质方面不合格者进入本专业。

4. 不得有意地给专业职位申请人的资格做虚假陈述。

5. 不得帮助非教育工作者从事未经授权的教学活动。

6. 除非出于令人信服的专业目的或者法律的要求，不得泄露在专业服务过程中获得的关于同事的任何信息。

7. 不得故意发表关于同事的虚假的或恶意的言论。

8. 不得接受任何可能损害或影响专业决定或专业行动的赠馈、礼品或恩惠。

06　美国教育工作者专业道德标准(全文)①

2015 年 6 月，美国教师教育与认证州管理者协会（National Association of State Directors of Teacher Education and Certification，NASDTEC）发布了美国《教育工作者专业道德标准》，期望这一文件成为全美教育工作者的日常行动指南。《教育工作者专业道德标准》由五大部分组成，就教育工作者对专业的责任、教育工作者胜任专业要求的责任、教育工作者对学生的责任、教育工作者对学校共同体的责任、在技术使用中的责任和伦理问题

---

① 刘冰雪、范丽、刘长海：《美国教育工作者专业道德标准》，载《世界教育信息》，2015，28(23)。

进行了详尽规定。美国教师教育与认证州管理者协会表示，该标准是美国第一份面向全国教育工作者的专业道德标准，有助于提升教育工作者的专业地位，指导现在和未来的教育工作者明确认识并忠实履行其专业道德责任。

原则一：对专业的责任

专业的教育工作者应该意识到，公众对教育专业的信任建立在高水准的专业行为和责任感之上，其标准可能高于法律的要求。这要求所有教育工作者遵守相同的专业道德标准。

（一）专业的教育工作者需要履行作为一名合格的专业人士所应承担的责任

1. 知道对于本标准缺少认知、了解或理解并不能作为对违背道德的行为进行辩护的合理理由；

2. 不管个人观点如何，清楚了解并遵守与专业实践相关的程序、政策、法律和规定；

3. 严于律己，使自己的专业行为合乎专业道德标准；

4. 保持履行专业职责和提供各项专业服务所需要的精神、生理和情感健康，当个人问题或健康问题可能干扰到教育工作时应及时采取适当措施；

5. 避免做出可能降低自己在学校共同体中的有效性的专业或私人活动；

6. 杜绝以权谋私，避免不适当行为的出现；

7. 只对实际做过的工作承担责任和享有荣誉，感谢他人在此过程中承担的工作和作出的贡献。

（二）专业的教育工作者应承担重视并努力解决道德事宜的义务

1. 当本标准与个人或者组织的隐性或显性要求发生冲突时，正视冲突并采取适当措施来解决冲突；

2. 当有足够理由相信另一名教育工作者可能正在做出有损专业道德的事情时，采取积极措施，坚持专业道德标准；

3. 遇到他人对自己的专业道德问题进行投诉时，既不排斥，也不报复；

4. 对有伤害或报复倾向的无意义的道德投诉既不打击，也不纵容；

5. 在接受道德调查和处理道德投诉期间充分合作。

(三)专业的教育工作者应在学校共同体内外维护并提升教育专业的地位

1. 支持对教与学、教育管理以及学生服务方面有积极影响的决策与行动;

2. 参与对教育专业有影响的事务的正当讨论;

3. 提高自身职业效率,使自己的专业行动与包括专业组织在内的相关资源提供的道德原则和决定保持一致;

4. 积极参与教育专业组织和协会;

5. 积极争取充足的资源和设施,以确保所有学生公平享有受教育机会。

原则二:胜任专业要求的责任

专业的教育工作者致力于最高水准的专业和道德实践,具备胜任专业工作所需要的知识、技能和品质。

(一)专业的教育工作者要以高水平的实践标准来要求自己

1. 使自己的教育实践符合州与国家的标准以及与相应学科相关的特定标准;

2. 以《美国教育工作者专业道德标准》和其他与相应学科相关的道德标准为准则,指导和规范教育决策的制定;

3. 努力确保每个学生都享有公平的受教育机会;

4. 依据自己的教师资格类型和专业培训,承担相应责任,提供相应服务;

5. 持续地反思和评估自己的专业技能、学科知识和专业胜任力;

6. 致力于持续的专业学习。

(二)专业的教育工作者应负责任地使用数据、材料、调查和测试

1. 在发布信息时,凡是引用他人已经出版的成果、未出版的成果或电子资源的地方,均应适当地进行标注;

2. 使用具有发展适宜性的测试,仅将测试用于其适宜且对于指导教育决策具有相应效度的领域;

3. 以合乎伦理和负责任的方式开展研究,接受相应的许可和监督;

4. 搜集并使用证据、数据、研究成果和专业知识来指导专业实践；

5. 对于与本人的研究和实践相关的记录及数据，要建立档案，其保管、传播、存储、保留或处理都要遵循学区政策，以及州与联邦的法律；

6. 准确可靠地使用数据、资料和研究成果。

(三)专业的教育工作者努力使学生在最大程度上获益

1. 增加学生参与课程、活动、获得资源的机会，以提供高质量的、公平的教育体验；

2. 努力推动学校共同体缩小学生成绩、机会和成就方面的差距；

3. 保护学生，使其远离伤害或者可能造成伤害的活动。

原则三：对学生的责任

专业的教育工作者的一项基本职责就是以有尊严的方式来对待学生。专业的教育工作者建立并保持适当的言语、生理、情感和社会界限(social boundaries)，以提升学生的健康水平、安全感和幸福感。

(一)专业的教育工作者应尊重学生的权利和尊严

1. 尊重学生，将他们的年龄、性别、文化、环境和社会经济背景纳入考虑范围；

2. 以公开透明的方式，在适宜的环境中与学生互动；

3. 以一种清晰的、尊重的、考虑到文化因素的方式和学生交流；

4. 重视自身的外貌、着装可能会对师生互动和师生关系带来的影响；

5. 在接受或赠送学生礼物时考虑到潜在的影响；

6. 只有当出于特定的、有益于学生的日的时才与学生发生身体接触，并且始终牢记要确保学生的安全和幸福；

7. 避免与学生形成复杂的、可能损害客观性的、危及学生学习和健康成长的、降低教育工作有效性的关系；

8. 清楚地知道教育工作者在任何情况下都不能与学生建立恋爱关系或者性关系；

9. 意识到与过去的学生建立恋爱关系可能带来的后果，包括对过去的学生、公共舆论的潜在危害以及对教育工作者本人的职业生涯可能带来的影响。专业的教育工作者要确保这种关系不会在这些学生在校期间开始。

（二）专业的教育工作者应关心学生

1. 努力理解学生的教育、学业、个人和社会性需要，以及学生的价值观、信仰和文化背景；

2. 尊重每个学生的尊严、价值观和独特性，包括但不限于真实性别和自我察觉到的性别、性别表现、性别认同、公民身份、家庭地位、性取向、宗教信仰、年龄、健康情况、种族、民族、社会经济地位、文化等；

3. 建立并维持有助于提升所有学生情感、智力、生理和性安全的环境。

（三）专业的教育工作者在适宜的范围内以具有发展适宜性的方式与学生互动，获得学生信任，为学生保守秘密

1. 尊重学生的隐私，注重对师生沟通内容、档案以及专业实践中获得的特定信息进行保密；

2. 尊重学生父母或监护人的合法权益，在使用学生信息时遵守相关法律规定，以确保学生健康成长；

3. 注意学生档案的机密性，依照州和联邦法律、地方法规使用学生的个人信息。

原则四：对学校共同体的责任

专业的教育工作者与学校共同体成员保持良好的关系和有效互动，同时遵守专业界限。

（一）专业的教育工作者应与学生的父母或监护人建立有效和适宜的联系

1. 从学生利益出发，与父母或监护人进行及时的、基于尊重的交流；

2. 致力于平等、公平、尊重和接纳，同时尊重和适应学校共同体成员间的多样性；

3. 认识到接受或赠送父母或监护人礼物可能产生的影响；

4. 对于父母或监护人提供的学生个人信息以及提供给父母或监护人的学生个人信息，保持适当的保密与尊重，仅在法律允许的范围内使用这些信息。

(二)专业的教育工作者应与同事间建立有效和适宜的关系

1. 尊重同事的专业地位，在出现分歧时保持礼貌；

2. 尽可能单独的、基于尊重的、依据学区政策来解决与同事间的冲突；

3. 基于当地政府、州与联邦的法律，适当并客观地保存及共享教育档案，以保障学生的安全、教育和健康；

4. 以最大化地支持学生学业成就及其他方面的发展的方式与同事进行协作；

5. 通过提供有效的临床经验、在职业生涯过程中提供指导来支持新教师的专业发展；

6. 确保新教师的指导者、合作教师或其他教师领导者得到充分的准备和监督，以更好地承担相应角色；

7. 确保教育工作者的职位与其专业资质、专业能力和教育经验相匹配，以确保学生学习机会和学业成就的最大化；

8. 努力确保工作环境中没有性骚扰情况发生。

(三)专业的教育工作者应与社区人员或其他相关人员建立有效和适宜的关系

1. 倡导那些教育工作者支持的、有助于促进学生学习，以及学生和家庭幸福的政策、法律；

2. 以学生利益为出发点，与社区机构、组织、个人进行合作，不牟取私利；

3. 在代表学校或学区向社区和公共媒体传递信息时，保持最高水平的精确、诚信，适当使用相关信息。

(四)专业的教育工作者应与企业建立有效和适宜的关系

1. 依据地方、州和联邦法律适当地使用财物、设备、材料和资源；

2. 在资源分享时要尊重知识产权(如原创教案、地方级课程、教学大纲、成绩册等)；

3. 个人和专业行为要促进组织、学习共同体、学校共同体和教师职业的利益最大化；

4. 在接受供应商或者一个拥有专业影响力或者权力的人所提供的礼物和特权时，要考虑潜在的影响。

（五）专业的教育工作者应理解多重关系可能带来的麻烦

1. 认识到多重关系可能降低客观性，危及学生学习和健康成长，降低教育工作有效性；

2. 认识到与曾经存在私人关系的人建立专业关系可能带来的风险和利益，反之亦然；

3. 认识到与学生父母或监护人、实习教师、同事、督学建立一种个人或者专业关系时可能会带来的影响；

4. 确保本人对于非专业人员、实习教师或者实习生的专业职责不会对学生、学生的学习及健康成长造成干扰。

原则五：负责任并合乎道德地使用技术

专业的教育工作者要思考通过各种技术手段使用、生成、传播和分享信息可能带来的影响。在使用技术手段沟通时，负责任的教育工作者会考虑时间、地点、角色等因素。

（一）专业的教育工作者应负责任地使用技术

1. 遵循负责、公开的原则使用技术，遵守学校和学区政策，将教学作为使用技术的首要目的，思考使用社交媒体和通过科技手段进行沟通可能会对教育工作者本人与学生、同事、公众的互动带来的潜在影响；

2. 与时俱进，并利用学校中的技术；

3. 在与同事、学校人员、学生父母或监护人、社区人员交流时，尽可能合理地发挥多种技术手段的优势，并避免其局限性；

4. 知道如何获得和使用专利产品，知道如何辨别、防止学生及教育工作者的剽窃行为；

5. 了解并遵守学区关于技术使用和沟通方面的政策；

6. 了解基于《信息自由法》（*Freedom of Information Act*，FOIA）和州法律，一些电子沟通记录是合法证据，在使用工作或私人设备、账户分享敏感信息时，要考虑到可能的影响；

7. 谨慎地保存私人的和专业的电子档案，保持私生活和专业生活的界限。

（二）使用技术时，专业的教育工作者确保学生安全和健康成长

1. 敏锐地识别、指出和举报（依法地、合理地）以电子形式或其他形式出现的不适宜的和非法的材料；

2. 尊重学生在社交媒体上的隐私权，只有得到相关许可或者有证据表明学生本人或他人面临危险时才能浏览相关信息；

3. 对有关内容进行监督，辨别可能的网络欺凌事件并消除其对学生学习环境的负面影响。

（三）专业的教育工作者在使用技术时注意保密

1. 采用适当的、合理的措施保证以电子或计算机技术进行存储和传播的学生信息和教育档案的机密性；

2. 理解《联邦教育隐私权法》（*Federal Educational Rights to Privacy Act*，*FERPA*）的目的，在对学生的电子化记录进行分享时遵守该法律；

3. 确保技术使用过程中没有侵犯到第三方的权利，包括其隐私权。

（四）教育工作者应促进技术在教育环境中的合理利用

1. 促使所有学生（尤其是一直处于不利地位的学生）拥有同等的技术使用权；

2. 在使用适当的技术手段与同事、学校人员、学生父母或监护人、社区人员沟通时，尽可能合理地发挥多种技术手段的好处，并避免其局限性；

3. 基于以下三条原则促进技术的应用：一是与学生的个人需要相适应；二是学生懂得如何使用技术；三是技术的使用能够强化教与学的过程。

参考文献

——— ※ ———

1.［古希腊］亚里士多德．尼各马科伦理学［M］.苗力田，译．北京：中国社会科学出版社，1990.

2.［德］弗里德里希·包尔生．伦理学体系［M］.何怀宏，廖申白，译．北京：中国社会科学出版社，1988.

3.［美］汤姆·L．彼彻姆．哲学的伦理学［M］.雷克勤等，译．北京：中国社会科学出版社，1990.

4.［德］石里克．伦理学问题［M］.北京：商务印书馆，1997.

5.［美］约翰·罗尔斯．正义论［M］.何怀宏等，译．北京：中国社会科学出版社，1988.

6.［英］D.D.拉斐尔．道德哲学［M］.邱仁宗，译，辽宁教育出版社、牛津大学出版社，1998.

7.［美］A.麦金太尔．德性之后［M］.龚群，戴扬毅等，译．北京：中国社会科学出版社，1995.

8.［美］弗兰克纳．伦理学［M］.关键，译．北京：生活·读书·新知三联书店，1987.

9.［法］阿尔贝特·施韦泽．敬畏生命：五十年来的基本论述［M］.陈泽环，译．上海：上海人民出版社，2017.

10.［美］艾德勒．六大观念［M］.郗庆华，译．北京：生活·读书·新知三联书店，1998.

11.［法］安德烈·孔特-斯蓬维尔．小爱大德［M］.赵克非，译．北京：作家出版社，2013.

12. [美]卡罗尔·吉利根. 不同的声音——心理学理论与妇女发展[M]. 肖巍, 译. 北京: 中央编译出版社, 1999.

13. 罗国杰. 伦理学[M]. 北京: 人民出版社, 1989.

14. 魏英敏. 新伦理学教程[M]. 北京: 北京大学出版社, 1993.

15. 赵汀阳. 论可能生活[M]. 北京: 生活·读书·新知三联书店, 1994.

16. 陈根法. 心灵的秩序——道德哲学理论与实践[M]. 上海: 复旦大学出版社, 1998.

17. 万俊人. 现代西方伦理学史[M]. 北京: 北京大学出版社, 1990.

18. [苏]契尔那葛卓娃等. 教师道德[M]. 严缘华、盛宗范, 译. 上海: 华东师范大学出版社, 1982.

19. 吴康宁. 教育社会学[M]. 北京: 人民教育出版社, 1998.

20. 李春秋. 教育伦理学概论[M]. 北京: 北京师范大学出版社, 1993.

21. 王正平, 郑百伟. 教育伦理学——理论与实践[M]. 上海: 上海教育出版社, 1998.

22. 任顺元. 师德概论[M]. 杭州: 杭州大学出版社, 1995.

23. 卢鸿德等. 中华传统师德[M]. 沈阳: 辽宁人民出版社, 1996.

24. 李建华. 罪恶论——道德价值的逆向研究[M]. 沈阳: 辽宁人民出版社, 1994.

25. 陈瑛. 人生幸福论[M]. 北京: 中国青年出版社, 1996.

26. 檀传宝. 德育美学观[M]. 太原: 山西教育出版社, 1996.

27. 檀传宝. 信仰教育与道德教育[M]. 北京: 教育科学出版社, 1999.

28. 联合国教科文组织. 世界教育报告1998——教师和变革世界中的教学工作[M]. 北京: 中国对外翻译出版公司, 1998.

跋

　　这是一本献给教师和未来教师的小书。

　　这本小书的写作缘起是 1998 年秋季的一门选修课。这一年，顺利完成博士后研究课题之后，经过非常漫长的学习和研究生涯，辗转南北，早过而立之年的我，正式加盟北京师范大学教育系。由于我所专攻的"德育原理"当时没有开课，系里善意安排我为教育系大四的本科生开设一门小型专业选修课，以使我能够合乎学校对工作量的要求。

　　系里原来的意思是希望增加一些应用性的课程，课程的名称原来定为"教师道德规范"。但我认为，教育系的学生由于专业的原因，他们除了要和所有的师范生一样学习一些师德规范之外，最重要的是他们还必须懂得这些规范之所以必要的学理。因为说不定他们将来也会开设教育伦理方面的课程。此外，我私下还认为，师德的道理是可教的，而师德本身则主要靠教师个人去修养。这有点像杜威所说过的"abott moral education"和"moral education"的区别。我们只能在认知上与学生们探讨点什么。于是我向系里建议改"教师道德规范"为"教师(教育)伦理学(专题)"。同时也不再面面俱到地谈教师伦理学，而是选择作为这一学科体系的若干"纽结"——伦理范畴为研究的重点。系里很快同意了我的意见。这样，虽然仍是讲教师道德的问题，但不至于就事论事。由于范畴研究策略的确定，教师道德规范的讲述可以有一定的学理做支撑，学生也就有可能更有收获。在确定范畴研究为基本主题之后，我确定了本书的基本逻辑结构：在介绍教育伦理学相关的背景知识之后，以教师的幸福为起点谈教师的公正、仁慈、义务和良心，最后以教师的道德和人格建设作为终结，形成一个相对完整的理论框架。

长期以来我一直以"德育原理"为自己的研究方向，虽然关注伦理学，但伦理学并非我的专长。同时，由于"教师（教育）伦理学（专题）"只是一门只有一个学分的小型选修课，根本无法通过学分去吸引学生来选修。一段时间，我曾为是否有足够的学生来听课而发愁（系里规定，15 人以下的选修课不开）。所以，我是非常惶恐地面对这门课的教学的。每周一个下午两个课时的课，我都是用至少 3 天的时间来准备的。很令我欣慰的是，最后陆陆续续居然来了 50 多位听众。于是我就有了总共七个专题的讲稿——这本小书的雏形。所以，我要郑重地对给予我这次教与学机缘的北京师范大学教育系领导以及 1995 级教育系、1996 级所有选修"教师伦理学专题"这门课的同学表达我的诚挚的谢意。我的老师黄济教授对我的这一尝试给予了最有力的支持。先生不仅花了许多时间逐字逐句校正我的书稿，而且还欣然拨冗写序鼓励。我在这里也要向黄济教授表示衷心的感谢！

从全球的视野看，对实践或应用伦理学研究的重视是现当代伦理学研究的一大特征。教育学和伦理学界对教育伦理范畴的关注更是本领域研究的重要趋势。目前国内出版的教师伦理学专著约有 20 种，已有一些起始性研究成果。但我们的教师伦理学研究存在生搬伦理学、框架不合理，对教育伦理特点研究不够和教育伦理范畴研究不深入等缺陷。其标志之一是，国内目前尚无专门的教育伦理范畴研究的成果出现。由于教育伦理规范体系的说明离不开基本范畴的界定，教育伦理范畴的研究已成为制约整个教师伦理学研究水平提升的一个瓶颈性课题。本研究的动力之一就是希望在这一领域有所突破。

我之所以敢于设想和出版我的讲稿，不仅是因为教学的急需，而且是因为，即使我的这本小书还很不成熟，但与市面上可以买到的许多本以"教师道德""教师伦理学""教育伦理学"等命名的书相比，这本小书仍然在借鉴已有成果的基础上有属于自己的体会和特色。当然，虽然自己希望能够在教育伦理研究领域稍稍前进一步，但是由于自身的水平有限，也由于国内教师伦理学研究的整体水平不高，缺乏良好的对话环境，这本小书也同样是起点很低的，许多东西还来不及做更多的消化与咀嚼，思考也很不成熟。我只能祈求更多和更高质量的对话。因此我最真诚的希望是：通过这本小书的出版，呼吁有更多、更严肃和更有智慧的研究者来关心这一十分重要的实践伦理领域。

人们常说，振兴民族的希望在教育，振兴教育的希望在教师。实际上，我们还应当认识到：提高教师素养的希望首先在师德的培育。黄济先生说："经师不易得，人师更难求。"①詹姆斯·威尔逊指出："人类的道德感并非是一盏光线强烈的指路明灯，毋宁说——它是一束微弱的烛光，但是将它贴近心口并执于掌心，却能驱走黑暗并慰藉我们的心灵。"②我的最大希望当然是这本小书能够对教师和未来的教育工作者们的师德建设有所裨益。是为跋。

作者

1999 年冬

北师大乐育一楼

---

① 黄济：《师德的传统与发展》，载《师范教育论坛（山东）》，1989(2)。

② 转引自陈根法：《心灵的秩序——道德哲学理论与实践》，扉页，上海，复旦大学出版社，1998。